U0053901

方集出版社

古籍之美

古籍的演變與發展

閱讀古籍其實是一件很愉快的事。

古籍古樸的文字、精緻的插圖、名家的題跋等，在在引人入勝。

要進一步瞭解古籍的套色印刷的過程、古籍的裝幀方式、古籍版式行款，答案自然在本書中。

張圍東——著

自 序

　　自古以來，「書」是人類用來記錄一切成就的主要工具，它是用文字、圖畫、聲音，以及其他新技術設備所記錄下來的知識，也是人類交融感情、取得知識、傳承經驗的重要媒介，對人類文明的開展，貢獻至鉅。因之，無論古今中外，對於書，人們總給予最高的肯定與特別的關懷。

　　人類藉著文字的發明，使得人類的歷史得以記載和傳承，從手工的抄寫到印刷術的發明和改良。英國哲學家弗蘭西斯・培根（Francis Bacon,1561-1626）在其著作《新工具》一書中提及中國印刷、火藥及指南針的發明「改變了世界上事物的全部外觀和狀態，從而衍生出無限的變化，對人類科學文化的發展，有著很大的作用與影響」。文明的推手是中國的四大發明（造紙術、印刷術、指南針、火藥），而其中的印刷術為中國一項影響世界文明進展的重要發明。

　　現代的印刷事業發達，圖書的生產快速又精美。可是圖書並非一開始便有今天的形貌，它就像人類其他一切的創造發明一樣，有著一段長期演進的歷史。圖書的材質，是從石頭、陶片、獸骨、龜甲、銅器、竹木、絲織品等，更進一步才有紙張的普遍使用；圖書的裝潢，則從簡牘、卷軸、冊葉、經摺裝、蝴蝶裝、包背裝、線裝，才演變成今日的平裝、精裝；而圖書的製作，更從寫刻、手抄、雕版、活字、套印、石印方才邁入今日影印照相製版等快速精美印刷的領域。所以說圖書是有它的產生和發展的歷史，極長遠，又極複雜。

　　有人認為，「古籍」離開我們太遙遠，因此，閱讀古籍，必然是痛苦困難的！其實，祇要你翻開古籍，一定會發現閱讀古籍其實是一件很愉快的事。除了古典作品裡高深的智慧與典雅的文句外，古籍古樸的文字、精緻的插圖、名家的題跋等，都是很引人入勝的。而想要進一步了解古籍刊刻的過程，譬如古籍的套色印刷是怎麼進行的？古籍的裝訂方式有幾種？

古籍版式的行款如何？這些都是屬於古籍版刻的知識。如果讀者對古籍的版刻具備了基本的認識，一定會驚嘆讚美古人在印刷方面的智慧，進而或增進閱讀古書的興趣。

　　古籍蘊含往聖先哲的智慧與經驗，不僅具有歷史價值，對後世更有所影響。古籍較其他古物更重要，因為歷史上的盛衰與興亡，思想上的起伏與變化，制度上的變革和延續，以致我們今天所沿襲的禮俗和傳統，名詞和習慣，大都是從古書的記載中得以流傳至今，因而影響到我們的日常生活。尤有進者，古籍更是讀書治學的重要材料。

　　我從事古籍工作三十餘年，也在從事教學研究工作，偶而會將研究心得及思考所得，發表於期刊雜誌。但是甚感到大家對於古籍知識的缺乏，坊間也很少出版古籍相關的書籍；雖然近幾年政府部門為了提升文化水準，已大力辦理各項活動來提升文化水準，其方法很多，「書香社會」的建立，是人們最常提及的方法之一。因此，提倡買書、藏書是構建「書香社會」的第一步。這使我想起了古代的藏書家，懷想、羨慕他們坐擁書城，面對琳瑯的生活情趣。

　　這幾年來，我從公部門離開之後，決定要將我所學的古籍知識，以「古籍之美」系列叢書出版，提供後學參考。本書內容分為六章二十五節，第一章古籍概述，主要闡述古籍的基本理念，並對於古籍的版式、結構及用紙做一完整的敘述。第二章介紹文字的起源、演變與發展，以期了解漢字的結構和傳統漢文字的書寫，從甲骨文、大篆、小篆、隸書到行書、楷書，有數種不同的字體。第三章探討古籍的載體，並詳述文字產生之前，所採用的是結繩、契刻和圖畫；文字產生之後，則是以甲骨、青銅和石頭為載體，靠文字記事來保存和傳遞文化。第四章敘述古籍的印製，分別詳論雕版印刷、活字印刷及套色印刷等三種技術。第五章研討古籍的裝幀與函套，分項探討中國古代書籍裝幀形式的形成與演變，先後流行過簡冊裝，帛書卷子裝，紙書裝卷軸裝，經摺裝，旋風裝，梵夾裝，蝴蝶裝，包背裝，線裝，毛裝等十種。第六章結論，將古籍的整體發展做一總結，並敘述如何讓古籍知識傳達給使用者比較完整的資訊，進而對古籍有所認識。

　　本書的內容，可以提供古籍研究者參考，惟因本書撰稿時間倉促，且筆者學識有限，見聞狹隘，恐多有疏誤之處，尚祈同道，不吝賜正，無任感謝。

張圍東

識於新北中和

2021.02.06

目　次

圖表目次

第一章　古籍概述

在人類文明的發展史上，曾經出現過許多具有歷史悠久的文明古國或地區，尤以埃及、印度、中國、巴比倫為主要文明古國，都曾經在人類文明進程中有過燦爛的光輝，然而曾幾何時，其中絕大部分的文化是由於內部部族間的激烈衝突而迅速衰落，或是因為外部異族的殘酷入侵而光華暗淡，最終在自己的歷史上都出現過大幅度的文化斷層。其中唯一例外者，那就是中國。

縱觀中國傳統文化的諸多領域裏，甚至呈現出高峰疊起的壯觀場面。例如古代文學領域中，自上古神話起，到先秦詩歌、諸子散文、漢賦、魏晉詩文、唐詩、宋詞、元曲、明清小說等接著而來，再如科學技術領域中，無論是早在漢代已經形成的農、醫、天、算四大學科為主體的實用科學體系中，還是在中國古代材料技術、製造技術、動力技術、資訊技術諸領域中，偉大的發明與創造可以說林林總總、不絕如縷，震撼世界。

我國是歷史悠久的文明古國，擁有卷帙浩繁的古代文獻典籍。這些古籍是中華民族的寶貴精神財富。有著數千年歷史的中華民族，創造了燦爛的古代文明，為後人留下了大量的、寶貴的文化遺產，其中包含大量的文字典籍。古籍是人類文明的歷史記載，是歷史的產物，是文明的歷史標誌。

我國古代文獻典籍是中華民族在數千年歷史發展過程中創造的重要文明成果，蘊含著中華民族特有的精神價值、思維方式和想像力、創造力，是中華文明綿延數千年，一脈相承的歷史見證，也是人類文明的瑰寶。古籍具有不可再生性，保護好這些古籍，對促進文化傳承、聯結民族情感、弘揚民族精神、維護國家及社會穩定具有重要作用。同時，加強古籍保護工作，也是貫徹落實科學發展觀和構建和諧社會的客觀要求。

由於諸多原因，當前我國古籍保護存在不少突出問題，如現存古籍底數不清，古籍老化、破損嚴重；古籍修復手段落後，保護和修復人才匱乏，

大量珍貴古籍流失海外。因此,加強古籍保護刻不容緩,更應充分認識保護古籍的重要性,進一步增強責任感和緊迫感,切實做好古籍保護工作。

有人認為,「古籍」離開我們太遙遠,因此,閱讀古籍,必然是痛苦困難的!其實,祇要你翻開古籍,一定會發現閱讀古籍其實是一件愉快的事。除了古典作品裡高深的智慧與典雅的文句外,古籍古樸的文字、精緻的插圖、名家的題跋等,都是很引人入勝的。而想要進一步了解古籍刊刻的過程,譬如古籍的套色印刷是怎麼進行的?古籍的裝訂方式有幾種?古籍版式的行款如何?這些都是屬於古籍版刻的知識。如果讀者對古籍的版刻具備了基本的認識,一定會驚嘆讚美古人在印刷方面的智慧,進而或增進閱讀古書的興趣。

本書旨在以深入淺出的方式,論述與古籍有關的基本知識,並介紹歷代古籍的源流和種類、古籍裝幀形式的演變、古籍裝幀的基本技術,以及古籍的印製方面的知識,進而希望國人養成閱讀古書的習慣與藏書的風氣,以建立書香社會。

第一節　古籍定義

「古籍」係中國古代書籍的簡稱。古籍在古代稱作典籍,也稱為文獻,兼有文書、檔案、書籍三重意義。隨著時間的進展,將記事類文件加以編排,供人閱讀,並達到傳播知識經驗的目的,便形成了一部書籍,書籍的內容日益增多,載體趨向多元,製作技術不斷改進,為了方便閱讀,產生了「簡冊」、「卷軸」、「冊頁」、「線裝書」等不同的裝幀樣式。然而,什麼是古籍呢?「古」是相對於「今」而來的,未採用現代印刷技術印製的書籍,皆可稱之為古籍。

在古籍、古書、舊書這三個稱呼中,古書、舊書是廣泛的、約定俗成的說法,而古籍是專業名詞,有特定的含義。「古籍」指研究中國古代文化的書籍,為古書冊的習慣稱謂,是以古典裝幀形式出現的寫本和印本圖

書，包含先秦至民國前產生的文字典籍，如清、明、元、宋唐、隋、晉、魏、漢、秦、周著均為古籍。其實，古籍不僅包含古書，還包含古書以外的、為形成「書」的其他古代文獻，如甲骨刻辭、金石刻辭、簡牘帛書、敦煌卷子等。

我國有五千年的文明史，前人留下了大量的典籍，我們的歷史很多是靠這些典籍傳承的。在歷史進程中，即便由於天災人禍，事故不斷，就是這樣，我們國家存在的古籍的量還是很大的。現在據圖書館、博物館和文獻收藏單位不完全統計而言，數量在 2,700 萬冊以上，大量存在於民間的古籍還沒有進行調查。我認為數量至少在 3,500 萬到 4,000 萬冊以上。除了國家收藏單位圖書館、博物館、文獻收藏單位以外，在民間還大量藏於個人、寺廟。

古籍是記載一個國家文明的重要標誌，同時也是傳承文明的一種重要形式。正是因為有了古籍，我們能夠準確了解歷史，通過古籍和前人對話。比如了解春秋戰國的事情，可以通過《戰國策》等春秋戰國的典籍來了解。它們在一個民族傳承文明中發揮著非常重要的作用。

一千年以前，宋真宗趙恒曾經寫下「富家不用買良田，書中自有千鍾粟；安居不用架高堂，書中自有黃金屋[1]」的句子，用現代的理念去理解就是讀書考取功名就能夠發財致富。雖然這兩句詩並不符合當今社會的現狀，但是如果放在古籍收藏領域，「書中自有黃金屋」仍然適用。

在所有的藏品種類中，古籍是存世量最多的一種。所謂古籍，廣義來講是包括甲骨文拓本、青銅器銘文、簡牘帛書、敦煌吐魯番文書、唐宋以來雕版印刷品，即 1911 年以前產生的內容為反映和研究中國傳統文化的文獻資料和典籍，狹義來講，古籍是指唐代自有雕版印刷以來的 1911 年以前產生的印本和寫本。

不過，隨著時間的不斷推移，古籍所涵蓋的範圍也在變化。清朝時期，

---

[1] 《常語尋源・卷下・書中自有黃金屋》引宋真宗〈勸學篇〉：「富家不用買良田，書中自有千鍾粟；安居不必架高堂，書中自有黃金屋；娶妻莫恨無良媒，書中自有顏如玉。」明・高明《琵琶記・伯喈牛宅結親》：「男兒有書須勤讀，書中自有黃金屋，也自有千鍾粟。」

人們並不認同明代版本，到了清朝後期，明中期以前的版本開始得到人們的重視。明末的都被認為是古籍，而清代則要康熙、乾隆、嘉慶年間且稀有的才算。到了如今，古籍收藏的視野已經擴展到民國時期。

隨著印刷技術的發展和人們對書籍的不同需求，古代書籍出現了諸多不同的版本，包括稿本(作者的原稿)、舊抄本、原刻本、精刻本、初印本等等，不同版本的價值也不相同。

古籍文獻近年來受到市場的認可，首先在於作為社會文化和歷史事件最直接的載體，古籍首先有著較高的文獻價值，為現代人研究古代社會的文化和歷史提供了第一手的材料；其次，古籍還擁有一定的學術價值，比如名家手稿或是在某一學術領域有獨到見解的稿本等；與此同時，一般古籍多使用雕版印刷，一些字體雕刻精美，印刷水準較高的精刻本、精寫本都很受藏家重視。同時，古籍文獻有較多的考證途徑，有大量的題跋、書目等存世，藏家比較容易辨別真偽。

除了古籍自身的諸多特點之外，收藏隊伍的壯大，也助長了古籍收藏市場的上揚勢頭。雖然古籍存世量很大，但是古籍精品數量也是有限的，作為稀有資源，越來越多的收藏者必然會推高古籍的市場價格。

不過，由於宋元古籍在市場上已經非常少見，所以明清古籍就成為了藏家追逐的對象，甚至民國刻本也表現出了非常強勁的潛力。所以在古籍收藏的過程中，圖書館也不一定要對藏品的年代、版本等要求過高，不如從圖書館特色、知識結構入手，形成自己的收藏風格和特色，發現藏品的特殊價值。

總之，古籍文獻作為社會文化和歷史事件最直接的載體，古籍的文獻價值：一是為現代人研究古代社會的文化和歷史提供了第一手的材料；二是古籍還擁有一定的學術價值，比如名家手稿或是在某一學術領域有獨到見解的稿本等；三是古籍文獻有較多的考證途徑，有大量的題跋、書目等存世，藏家比較容易辨別真偽。

第二節　古籍善本

　　我們在目錄書中常常見到，或是聽到「善本」這個名詞，但究竟什麼樣的書才能稱為善本？一般青年學子對其概念還很模糊。顧名思義，善本是指美好的書本。要了解這一詞的含義，必須先清楚它的意義在歷史上的演變。一般而言，古籍可以分為善本書和普通線裝書兩種，而善本這個名詞，起始於印刷術發明並且普及以後，約在北宋時期。歐陽修《文忠集》卷一四一「唐田弘正家廟碑」中，對於善本一詞有做過解釋，「凡是經過精刻、精鈔、精校、精注，兼且流傳稀少或年代久遠的書本，或有名人批點，或是稿本，皆可稱為善本[2]」。

　　善本最初的概念是指經過嚴格校勘、無訛文脫字的書本。印刷術產生前，書籍大都是寫本。唐以後，雕版印刷術出現，書籍開始出現「版本」的概念。不同版本書籍收錄文獻多寡、校勘精劣程度各不相同，就有了足本和殘本、精本和劣本的差別；書籍版本出現早晚、珍稀程度不同，就有了古本和今本、孤本和複本的差別。

　　清光緒元年(1875)張之洞在所著的《輶軒語‧語學篇》中論善本書說：「善本並非紙白版新之謂，謂其為前輩通人用古刻數本，精校細勘，不訛不缺之本也[3]。」這是他對善本書所下三個定義：第一是足本，就是沒有缺卷，未經刪減的本子；第二是精本，經過精校、精注的書皆屬之；第三是舊本，就是指舊刻舊抄。它的這三點意見實際上是從宋朝以來所謂的善本歸納得來的。而他所說的善本，也就是一般讀書人所稱的善本。這是比較客觀的一種看法。而狹義的善本，也就是俗謂的善本，是指傳世較少的珍本，是一般收藏家所說的舊本。清末杭州的丁丙、丁申兄弟，是開始專以

---

[2] (宋)歐陽修撰，《文忠集》卷一四一，台北：世界，民國 76 年景印攟藻堂四庫全書薈要‧集部‧別集類；370-372。

[3] (清)張之洞撰，《輶軒語》，台北市：成文，1978 年據清光緒元年刊本影印，載自書目類編；93。

舊本視作善本的人。他們有一間屋子，署名善本書室，專置舊本書，並編
印一部目錄，稱為「善本書室藏書志」。後來繆荃孫編印了學部圖書館善
本書目，善本之名，遂為後來藏書家沿用下來。

在《善本書室藏書志》的編輯條例中，列出四條入藏標準，被人們視
為「善本」概念的具體解釋。

(一)舊刻，指宋元古本。

(二)精本，指嘉靖以前刻本及萬曆以後罕見的版本。

(三)舊抄，指明及近代影抄精本。

(四)舊校，指名家批校本[4]。

這一善本的標準，一直沿用到民國初年。1933 年，國立北平圖書館出
版的善本書目即依照此標準，並又編善本書目乙編，以著錄明萬曆以後版
本及清初刻本之稀見者，1956 年國立中央圖書館出版的善本書目也沿用其
例分成甲乙兩編。到了 1968 年臺灣出版各大圖書館聯合善本書目，因舊
本日漸稀少，再降其標準，凡明以前刻本及清初刻本傳世較少者皆入之，
再加上清初所刻而傳世較少的版本，即今日所謂的善本。

「國立中央圖書館中文圖書編目規則」所稱善本書是斟酌各家的說
法，取長補短，不僅包括了張之洞的足本、精本、舊本三大原則，還對舊
本的時代定了一個取捨的範圍。在其編目規則第一章第三條說：本編所稱
善本書，其範圍如下所列：

一、明弘治以前之刊本、活字本。

二、明嘉靖以後至近代，刊本及活字本之精者或罕見者。

三、稿本。

四、名家批校本。

五、過錄名家批校本之精者。

六、舊鈔本。

七、近代鈔本之精者。

4　(清)丁丙撰，《善本書室藏書志》，清光緒辛丑(二十七年，1901)錢塘丁氏刊本。

八、高麗、日本之漢籍古刊本、鈔本之精者[5]。

許多學者專家都作過詮釋，但說法不盡相同，主要是對古人關於「善本」的說法存在認知差異。關於「善本」一詞，將人們經常引用的資料詳列於如下，以資參考：

(宋)葉夢得《石林燕語》卷八中說：「唐以前，凡書籍皆寫本，未有模印之法，人以藏書為貴，書不多有，而藏者精於讎對，故往往皆有善本[6]。」另外南宋初期有一學者朱弁，他在《曲洧舊聞》卷二云：「宋次道(敏求)家藏書，皆校讎三五遍，世之蓄書，以次道家為善本[7]。」這兩個例子說明凡是經過審慎校勘的書本可以稱謂善本。

朱弁《曲洧舊聞》卷二又說：「穆修在本朝初為好學古文者，始得韓、柳善本，欲二家集行於世，乃自鏤版，鬻于相國寺[8]。」穆修根據唐代的本子將韓柳集雕印出版，對古文的提倡有很大的貢獻。又宋高宗《翰墨志》：「《淳化帖》《大觀帖》，當時以晉唐善本，及江南所收帖，擇善者刻之[9]。」這兩個例子說明晉唐的古本可以稱為善本。

洪邁《容齋四筆》卷十〈東坡題潭州帖〉云：「潭州石刻法帖十卷，蓋錢希白所鐫，最為善本[10]。」又現在通行的元祐六年（一三一九）陳良弼《通鑑紀事本末序》云：「趙與籌嚴陵(刻本)字小且訛，於是精加讎校，易為大字，刊版而家藏之，凡四千五百面，可謂天下之善本也[11]。」這兩個例子是將近代所校刻很精的本子也稱善本。

另外宋紹興年間，有一位名叫董棻的，他跋《世說新語》說：「《世說》三十六篇，世所傳者釐為十卷，或作四十五篇，而末卷但重出前九卷

---

[5] 國立中央圖書館編，國立中央圖書館中文圖書編目規則(台北市：編者，民國 53 年)，頁 73-74。

[6] (宋)葉夢得撰，《石林燕語》卷八，明萬曆間(1573-1620)會稽商氏刊稗海本。

[7] (宋)朱弁撰，《曲洧舊聞》卷二，明萬曆間(1573-1620)繡水沈氏尚白齋刊本。

[8] 同註7。

[9] 宋高宗撰，《翰墨志》，明弘治 14 年無錫華珵刊本。

[10] (宋)洪邁撰，《容齋四筆》卷十〈東坡題潭州帖〉，明嘉靖間(1522-1566)刊本。

[11] (宋)袁樞撰，《通鑑紀事本末》，見元祐六年陳良弼《通鑑紀事本末序》，明萬曆三十四年(1606)黃吉士刻本。

所載。余家舊藏，蓋得自王原叔 (洙)家，始得晏元獻(殊)手自校本，盡去重複，其注亦小加剪裁，最為善本[12]。」現在通行的世說，即自晏校本出，與敦煌所出唐代寫本頗有差異。這是以經過精校而無重複且注文精當的本子稱謂善本。

又在徐松輯的《宋會要輯稿》第五十五冊中有一段資料云：「宣和七年四月九日，提舉秘書省言：取索到王闐、張宿等家藏書，與三館秘閣現管帳目比對到所無書六百五十八部、二千四百一十七卷。及集秘書省官校勘，并係善本[13]。」這是以流傳稀少的書稱為善本。

另外如(宋)周輝《清波雜誌》別志卷二：「國朝慶曆年間命儒臣集四庫為籍，名曰《崇文總目》，凡三萬六百六十九卷。爾後於《總目》外，日益搜補校正，皆為善本[14]。」(宋)江少虞《事實類苑》卷三十一：「嘉祐四年，仁宗謂輔臣曰：宋、齊、梁、陳、後魏、北齊、北周書罕有善本，可委編校官精加校勘。[15]」(宋)陳振孫《直齋書錄解題‧元和姓纂》：「此書絕無善本。頃在莆田，以數本參校，僅得七八，後又得蜀本校之，互有得失，然粗完整矣[16]。」李文叔《戰國策序》：「今《國策》宜有善本傳於世，而舛錯不可疾讀[17]。」(宋)沈揆《顏氏家訓序》：「揆家有閩本，嘗苦篇中字訛難讀，顧無善本可讎[18]。」(元)脫脫編纂《宋史‧王洙傳》：「子欽臣，平生為文至多，所交盡名士。性嗜古，藏書數萬卷，手自讎正，世稱善本[19]。」(宋)黃伯思《東觀餘論》：「逸少《十七帖》，書中龍也，僕

---

[12] (南北朝) 劉義慶撰，《世說新語》，見董棻題《世說新語》跋，明嘉靖乙未(十四年，1535)吳郡袁氏嘉趣堂刊本。

[13] (清)徐松編，《宋會要輯稿》第五十五冊，民國二十五年(1936)國立北平圖書館影印本。

[14] (宋)周輝撰，《清波雜誌》別志卷二，明萬曆間會稽商氏刊本。

[15] (宋)江少虞撰，《事實類苑》卷三十一，明鈔本。

[16] (宋)陳振孫撰，《直齋書錄解題‧元和姓纂》，清光緒九年(1883)江蘇書局刊本。

[17] (宋) 鮑彪注，《戰國策》，見李文叔《戰國策序》，明嘉靖壬子(三十一年，1552)吳郡杜詩覆宋刊本。

[18] (南北朝) 顏之推撰，《顏氏家訓》，見 (宋)沈揆《顏氏家訓序》，清光緒壬午(八年，1882)嶺南芸林仙館刊本。

[19] (元)脫脫編纂，《宋史‧王洙傳》，明成化十六年(1480)兩廣巡撫朱英刊嘉靖間南監修補本。

得善本，每喜臨學。此卷雖不足以追蹤遠軌，故自有合[20]。」

　　從以上引述資料來看，對善本書所下的定義，凡是經過精校的，及精刻的，精注的，流傳稀少的，或舊本等五類書本皆可稱為善本。此一定義，元明兩朝一直沿用。

　　歷史發展到今天，現代學者在歸納前人所有這些提法的基礎上，又根據自己體會和認識，去偽存真，去粗取精，揚棄那些皮毛表面的「舊本」、「精本」之說，而抓住事物的本質，直接抽繹出一套科學的「善本」衡量標準，即歷史文物性、學術資料性和藝術代表性。因此，至今我們對善本古籍的定義與範圍：凡清乾隆六十年（1795）以前之刻本、寫本、活字本、套印本及其精者，以及流傳稀少而具有學術價值者。因此，善本的內涵也比原來更擴大了，以後許多學者對善本的概念不斷總結歸納，最後形成了現在通用的善本「三性」、「九條」的詮釋。

　　善本的「三性」及李致忠所提出的「歷史文物性、學術資料性和藝術代表性。」歷史文物性係宋元以前的刻本、寫本、明代抄寫本、精刻本，清代乾隆以前流傳較少的印本、抄本。學術資料性主要係指各類有學術研究價值的稿本、批校題跋本和流傳很少的刻本、抄本。藝術代表性如反映中國歷代印刷技術特點的活字本、彩色套印本、木刻版畫以及明、清名家印譜等[21]。善本的「九條」主要包括：

一、　元代及元代以前刻印、抄寫的圖書(包括殘本與散頁)。

二、　明代刻印、抄寫的圖書(包括具有特殊價值的殘本與散頁)，但版印模糊、流傳較多者不收。

三、　清代乾隆以前流傳較少的刻本、抄本。

四、　太平天國及歷代農民革命政權所刊印的圖書。

五、　辛亥革命前，在學術研究上有獨到見解或有學派特點、或集眾說較有系統的稿本，以及流傳很少的刻本、抄本。

---

[20] (宋)黃伯思撰，《東觀餘論》，明萬曆甲申(十二年，1584)秀水項氏萬卷堂刊本。

[21] 中國大百科編委會編，陳先行「善本」，中國大百科全書(圖書館學、情報學、檔案學)(北京：中國大百科全書出版社，1993)，頁 369。

六、 辛亥革命前，反映某一時期、某一領域或某一事件資料方面的
　　　稿本以及流傳很少的刻本、抄本。

七、 辛亥革命以前的名人學者批校、題跋或過錄前人批校而有參考
　　　價值的印本、抄本。

八、 在印刷術上能反映古代印刷術發展的各種活字印本、套印本或
　　　有精校版畫、插畫的刻本。

九、 明代的印譜、清代的集古印譜、名家篆刻印譜的鈐印本，有特
　　　色的或有親筆題記等[22]。

　　不論是「古籍」或「善本」的範圍及定義，都不是一成不變的，而是
隨著時代的變遷以及收藏單位的個別情形，而有所不同，如此，才能符合
現實。

第三節　古籍版式與結構

　　書籍採用散頁裝訂法後，刻字版片的式樣也隨之變化，不僅由原先的
長條形變為長方形，版式的結構也發展得更加成熟，出現了一些專門術
語。如「魚尾」、「黑口」等，每冊古籍內外各部分，均有固定名稱。

一、古籍版式

　　所謂版式，就是版面的安排方式。中國最早的圖書形式是簡策，已有
一定的版式安排，一般長簡為二尺四寸，中簡一尺二寸，短簡八寸。一根
簡上通常只寫一行文字，也有寫兩行甚至三行的。書寫順序取從上往下，
從右向左的定制，這種形式一直影響著歷代的書寫和閱讀習慣。

　　帛書的版式安排很簡單，基本同簡策的版式，但出現了用朱砂或墨畫

---

[22] 姚伯岳著，《版本學》(北京：北京大學出版社，1993)，頁 142-145。

著的行格，後人稱紅的為「朱絲欄」，稱黑的為「烏絲欄」。這就是後世圖書界行和邊欄的濫觴。

　　紙寫本書保持了從上往下、自右向左的書寫習慣，偶而也有描欄畫界的，但一般說來，版面簡潔，多數僅只有文字而已。印本書版面有了比較固定的格式，邊欄、界行、書耳、版心、魚尾、象鼻、白口、黑口、天頭、地腳、行款等目。

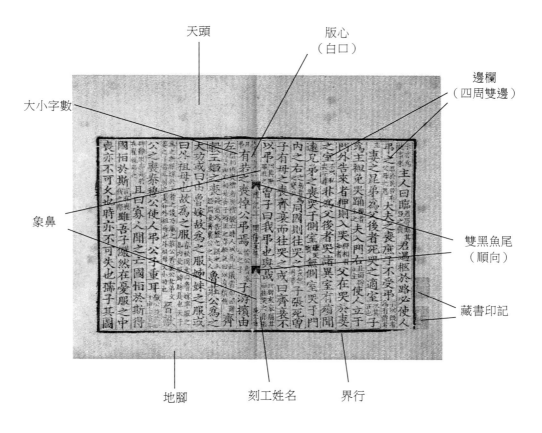

圖 1：古書的版式

資料來源：《禮記》(漢)鄭玄注，宋淳熙四年（1177）撫州公使庫刊紹興
　　　　　 至淳祐間（1190-1252）遞次修補本。（國家圖書館藏品，00408）

書耳
耳題

邊欄（左右雙邊）

圖 2：《玉海》(局部)

資料來源：《玉海》(宋)王應麟撰，元後至元六年（1340）慶元路儒學刊
至正十一年（1351）修補本。（國家圖書館藏品，07909）

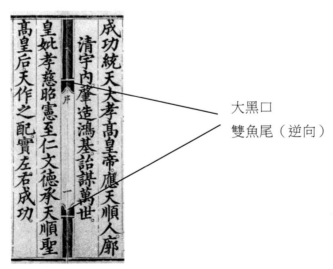

大黑口
雙魚尾（逆向）

圖 3：《高皇后傳》(局部)

資料來源：《高皇后傳》(明)不著撰人，明永樂四年（1406）內府刊本。
（國家圖書館藏品，02738）

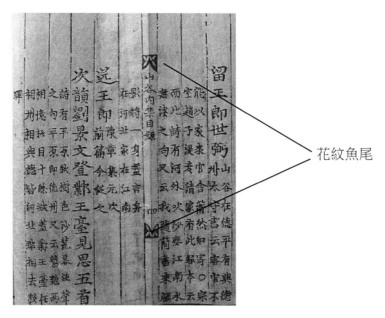

花紋魚尾

圖 4：《山谷內集詩註》(局部)

資料來源：《山谷內集詩註》(宋)黃庭堅撰，朝鮮刊本。（國家圖書館藏
　　　　品，10269）

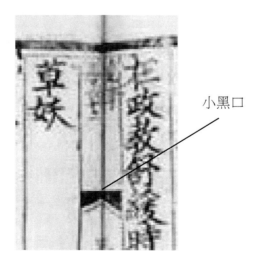

小黑口

圖 5：《隋書》(局部)

資料來源：《隋書》(唐)魏徵等撰，元大德間（1297-1306）饒州路儒學
　　　　刊本。（國家圖書館藏品，01530）

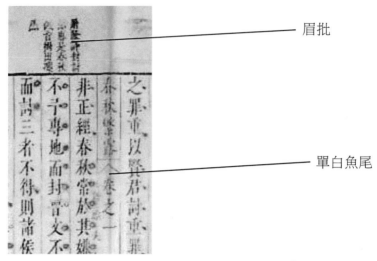

眉批

單白魚尾

圖 6：《春秋繁露》(局部)

資料來源：《春秋繁露》（漢）董仲舒撰，明天啟五年（1625）西湖沈
氏花齋刊本。（國家圖書館藏品，00665）

版面：指單張書葉的印刷面。

所謂「行款」，就是指每葉的行數、字數和版面的款式。就行數來說，有半葉七行、八行、多至十幾行的。每行的字數，有少者十來字，多到二十五、六字的。至於款式，那變化就多了。從版面四周的「邊欄」，以至版面中心的「書口」，不僅每家書坊都有特色，每個朝代也都有當時流行的款式。從宋代版刻流行以後，為了分便對版刻個部份的稱呼，漸漸地有了一些約定俗成的專門名詞。

版心：又稱「中縫」。亦即是整塊書版的中心，它的中間線，就是摺疊的地方。一旦摺疊裝訂後，版心自然向外，所以又稱為書口，又稱版口，或簡稱口。指書籍裝訂成冊後開合一側的端面，有白口、黑口、花口等款式。就書版而言它是版心。

書耳：又稱「耳格」、「耳子」。指刻在版框左欄外上角的一個小長方格。書耳內多刻有本書的篇名（小題），稱「耳題」。

魚尾：在版心中，距上邊約四分之一處，印有像魚尾似的標誌，以便摺疊書葉，它的功用是用來做摺疊時的中線。有時版心下半也有一魚尾，

如沒有，則印一橫線。以數量區分，有「單魚尾」、「雙魚尾」、「三魚尾」；以方向區分，有「對魚尾」和「順魚尾」；以虛實圖案區分，有「白魚尾」、「黑魚尾」、「線魚尾」、「花魚尾」等。元刊本有不少是「花魚尾」。

　　象鼻：版心上下邊欄至上下魚尾間的兩個部分。大概是由於版心細長，很像大象的鼻子而得名。

　　用黑線或其他圖案圍成一塊，中間刻有文字的不分，稱為「木記」；也稱為「書牌」或「牌記」，有各種形狀。並與現在的版權頁類似，常常鑴有書名、作者、鑴版人、藏版人、刊刻年代、刊版地點、刻書的經過等。明清時期的書牌作用多為表示特色和所有權，明清以前則更多是刻書題記，講刻書緣起，選用底本，校本，甚至多少具有廣告宣傳作用。例如宋刻本眉山程舍人宅刊刻的《東都事略》，目錄後有牌記一方，上面寫著：「眉山程舍人宅刊行，已申上司不許覆板[23]。」這是中國書籍出版史上最早的版權聲明。

---

[23]（宋）王偁撰，《東都事略》，宋紹熙間 (1190-1194)眉山程舍人宅刊本。

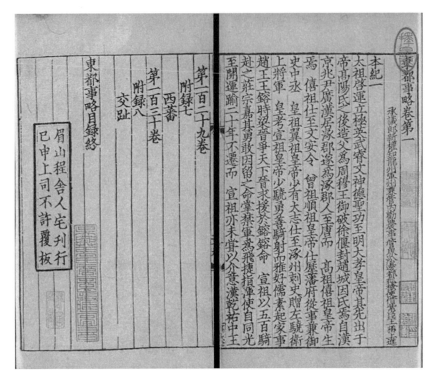

**圖 7：《東都事略》（目錄後有牌記一方，上面寫着：「眉山
程舍人宅刊行，已申上司不許覆板」。）**

資料來源：（宋）王稱撰，宋紹興（1190-1194）眉山程舍人宅刊本。（國
家圖書館藏品，01596）

　　元代的牌記比起前朝，不僅僅在字數上有了很大變化，而且形狀式樣
都別具一格。而坊刻的牌記，更加兼備了版權和商業廣告的作用。譬如張
氏晦明軒所刊印的書《重修經史證類備用本草》，卷首有整頁螭首龜座碑
形牌記，目錄後有「平陽府張宅印」琴形牌記，又有「晦明軒記」鐘形牌
記，碑額直書「重修本草之草」，下面寫的內容詳細記錄了這本書的背景
以及重修的原因[24]。整本書屬於一書多牌記，另外牌記的樣子也很有特色，
牌記字數也很多，因此這個牌記在元代坊刻中具有代表性。

---

[24] (宋)唐慎微撰，《重修政和經史證類備用本草》，蒙古定宗四年平陽府張存惠晦明軒刊本。
　　(宋)唐慎微；曹孝忠，《重修政和經史證類備用本草》30 卷，目錄 1 卷，明嘉靖癸未刊本。

墨釘：又稱墨等。指版面上常有文字般大小的黑墨塊，形狀似釘帽。出現的原因是文稿雕版時未定的文字，等待校勘後寫上去再印。

版框：也稱為「邊欄」，指每版內圍框文字的四周邊線，上方叫「上欄」，下方叫「下欄」，兩旁叫「左右欄」。單線的叫「單邊」或「單欄」，雙線的叫「雙邊」或「雙欄」。一般比較粗黑，給人穩定感。四周只印一道粗黑的邊線，稱為四周單邊。四周粗黑線內側再刻一細黑線，稱四周雙邊。如果僅左右粗黑線內側有細黑線，稱為左右雙邊。不僅有規範、整齊版面的作用，而且保留了簡策、帛書的遺風。此外，少數版本的邊欄以圖案構成，總稱「花邊」。

版框高廣：凡著錄古書的大小，大抵量度版框的高度和寬度，以半葉為準。

版框內字行之間分界線，稱為「界行」，又稱「界格」、「行線」或「行欄」。如果是抄本，黑色的線稱為「烏絲欄（墨格）」，紅色的稱為「朱絲欄（紅格）」，主要見於唐以前寫本。藍色和綠色的稱為「藍格」、「綠格」，明清時期，專有印刷各種顏色箋格的作坊，用不同顏色界欄箋紙抄寫的古籍，通常直接著錄。

天頭：在書葉版面上方，沒有印刷圖文的空白處，又稱「書眉」。

地腳：在書葉版面下方，沒有印刷圖文的空白處。

大題：指一種書的題名。

小題：指一種書內各篇卷的題名。

二、古籍結構

由一張張單頁裝訂成冊，即成為一部具體的古籍。現存的古籍大多是用線裝訂成的。其結構就是指一部具體古籍的外在形式和內容的各個組成部分。在流傳發展的過程中逐漸形成它們各自特定的名稱。

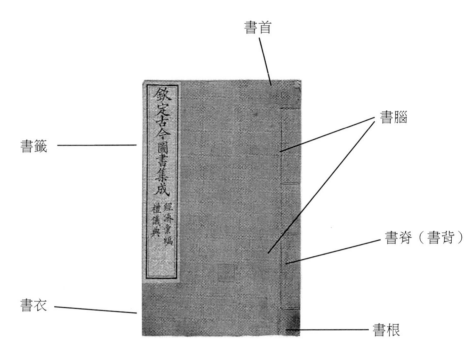

書首

書腦

書脊（書背）

書籤

書衣

書根

圖 8：古書的外形結構

資料來源：《欽定古今圖書集成》（清）蔣廷錫等奉敕撰，清光緒甲申(十
　　　　　年，1884)上海圖書館集成局排印本。（國家圖書館藏品，
　　　　　17083）

　　封面：位於護葉之後、所有書葉之前。常鐫刻書名、作者、刊刻時間
及地點等項內容。

　　護葉：也稱副葉，用以保護書芯或連接書衣。一般是一張空白紙。在
書名葉或前或後。

　　書名葉：在封皮之後，題有書名的一葉，又稱封面、封、面葉、內封
面。書名葉的後面一般加上一張空白紙，叫護葉或扉葉。

　　書芯：指書衣以內或未上書皮以前已訂在一起的書冊。

　　書衣：也稱作書皮或封皮，就是書的前後封皮，書衣上一般題有書名。

　　書籤：書衣的左上角，貼有一個長方形的紙條，叫做書籤。書籤上面
題有書名，有時也題寫冊次及題籤人的姓名等等。

書腦：一書裝訂的一邊，錐眼訂線的地方叫做書腦。

書脊：一書裝訂之處的側面，成為書的脊背，叫做書脊，也稱書背。

書首：書脊的最上端，叫書首，也叫書頭。

書根：書脊的最下端叫書根。有的古籍在書根上面寫上或印上這部書的書名、卷數和冊數，但書根的題名與書籤上題名一樣，都不一定準確。書籤題名多為刻版人或著者邀請名人親筆題寫，目的是作為私人留念或表示名人的書法藝術水平，並不重在表示書的實際內容。

書腳：書腳是書的底部，有些藏書家自己為方便翻檢、閱讀或者保存而將書名寫上去。

第四節　古籍的分類

在我國古代，圖書分類是一種專門的學問。春秋時代，分類的思想已被用於圖書管理方面。魯國官府的藏書，已有「御書」和「禮書」之別[25]。圖書分類法是排列圖書、組織目錄、指導閱讀的有效工具。按照圖書的內容和性質進行分類，歷史上曾採用過多種方法。

一、六分法：七略

漢朝建立之後，有鑑於秦代的焚書坑儒及對先秦諸子學說真偽之爭，為求辨析先秦諸子學說原貌，遂廣徵藏書，大收篇集；漢孝武帝時，並有「建藏書之策，置寫書之官，以收諸子傳說，編錄於府」之議；及至成帝，

---

[25] 詳見《古籍的分類與標識》，由鵬為古籍發表於 https://kknews.cc/zh-tw/history/meqeglp.html，2017.11.22。

召光祿大夫劉向校經傳、諸子與詩賦，輯錄群書[26]。劉向卒，其子劉歆繼承其父向主持校讎內府藏書未竟之業，續負責其事，不到兩年，整理校讎工作全部完成，乃在平帝建平元年（西元前 6 年）將二十年來陸續繕鈔進呈貯放在溫室中的 603 部圖書，全部移置到天祿閣內，予以分類排次，編成了中國最早的一部分類目錄--《七略》。《七略》原書在唐朝以後遺失了，現在只能在《漢書‧藝文志》中見到《七略》的概貌。

《七略》是我國第一部系統的目錄學著作，它反映了西漢一代典籍之盛。它雖名為七，但自圖書分類而言，實分為 6 個大類。每一略下再細分小類，一共分了 38 個小類，其類目如下：

輯　略→概說

六藝略→易、書、詩、禮、樂、春秋、論語、孝經、小學 9 類

諸子略→儒、道、陰陽、法、名、墨、縱橫、雜、農、小說 10 類

詩賦略→賦甲（屈原賦等 20 家）、賦乙（陸賈賦等 21 家）、賦丙（孫卿賦等 25 家）、雜賦、歌詩 5 類

兵　書→略權謀、形勢、陰陽、技巧 4 類

數術略→天文、曆譜、五行、蓍龜、雜占、形法 6 類

方技略→醫經、經方、房中、神仙 4 類[27]

另在分類目錄之前，冠有輯略一篇，為六略的總最，是綜述各門類學術淵源流變的文字。每一書除了著錄書名及篇卷外，並有解題，簡介作者及書的大旨，其與劉向敘錄的關係，大抵僅有詳簡之分，有如清代《四庫簡明目錄》之與《四庫全書總目》。這部新創的分類目錄，無論大綱細目，條理井然，體例完善，不能不推為目錄學的初祖，為後世奉為楷模。

班固著《漢書藝文志》即據《七略》為藍本，而有九流十家之說；惜《七略》今已亡佚。從分類體系可以看出，《七略》具有幾個特點：

(一)思想性：《七略》成書於西漢末年。儒家思想是西周以來封建主

---

[26] (漢)班固撰，《漢書‧藝文志十》，明嘉靖間(1522-1566)德藩最樂軒刊本。

[27] 郭娟玉〈別錄、七略、漢志義例考述〉，東吳中文研究集刊第四期，1997 年 4 月，頁 42-43。
昌彼得，潘美月著，《中國目錄學》，台北：文史哲，75.03，頁 98-99。

義的正統思想。漢武帝即位後，罷黜百家，獨尊儒術，首推公羊。《七略》的分類完全體現了這種思想。在實際入書的六略六大類中，以儒家的經典、孔子親自刪定的六經為首。這樣的一種序列，充分體現了圖書分類的鮮明的階級性，明確地反映了當時的封建統治階級的思想和意志，其目的是為封建統治階級服務，一定的文化必定是一定社會的政治和經濟在觀念形態上的反映，這便是我們現在所說的圖書分類法的思想性的體現。

(二)科學性：《七略》首先應用了以學術性質作為劃分依據，並從內容來類分圖書及定類標準的原則，其目的在於「辯章學術，考鏡源流」。也就是說它當時已注意到從內容來類分圖書，使圖書分類與當時的學術情況相聯繫。這便是我們現在所說的圖書分類法的科學性的體現。

(三)系統性：《七略》將全部圖書分為七個大類，其中在實際入書的六大類中，略下分種，深入條理清晰，邏輯性強，並組成了一個結構嚴謹的分類體系。這便是我們現在所說的圖書分類法系統性的體現。

(四)實用性：《七略》是以書立類，也就是說它的類目設置不是虛造的，而是依據當時存有的圖書來立類的。當時經書、諸子、詩賦、兵書、數術、方技之書的確很多，它的設置正是反映了這種客觀存在。當時史書不多因而《七略》便沒有為之專門立類，只是附在「六藝略」春秋類下。這種立類的原則，便是圖書分類法實用性的體現。

二、七分法：《七志》

王儉於南朝宋慶帝元徽元年（西元 473 年）任祕書丞時，除奉詔編撰祕監藏書為《元徽元年四部目錄》外，此目則為其所私撰而進呈者，係仿《七略》的體例，而類目則有改易，合六藝、小學、史記、雜傳為經典志，並增圖譜佛教道教的書為圖譜志。 所謂七志，據阮孝緒《七錄》及《隋志》載：

經典志→紀六藝、小學、史記、雜傳；

諸子志→紀今古諸子；

文翰志→紀詩賦；

軍書志→紀兵書；

陰陽志→紀陰陽圖緯；

術藝志→紀方技；

圖譜志→紀地域及圖書；地域、圖譜、佛書和道書

其道、佛附見，合九條[28]。

「經典志」即六藝略，所不同的，劉歆時代史書較少，故附春秋家後，《七志》則部次於小學之後。「文翰志」即詩賦略，「軍書志」同兵書略，「陰陽志」即術數略，而新增的讖緯之書附之。「術藝志」即方技略。《七略》雖名為七，而分類僅六，儉將新出的方志地域、譜牒之書以及各書的圖集中一處，設「圖譜志」以足七數。《七略》首有輯略一卷，以介紹各門類的學術源流，《七志》則有「九篇條例」一篇置於卷首。這時的佛道書存世甚多，儉別有道書志，釋書志，附《七志》之後，而不在其數，故名雖為七，實分九類。此目在每一書下有一篇解題，但是據《隋志》批評它說：「不述作者之意，但於書名之下，每立一傳」。又批評它的「九篇條例」說：「文義淺近，未為典則」。故《七志》雖是仿《七略》而作，但尚未達到《七略》的水準。

《七志》分類有意承繼《七略》分類法，但又根據當時文獻情況單列「圖譜志」以及新增「佛、道」附錄，對後來的分類影響較大。

南朝梁阮孝緒自少年時代即喜愛典籍，長而不倦。素好蒐輯遺文隱記圖書資料，凡自宋齊以來王公搢紳之家，其能蓄聚典籍者，必定多方設法求得他們藏書的簿錄，以此所見所聞，日漸弘富，用之核校祕閣的書目，多為官目所未蒐得者。於是總集他所蒐得的圖書資料，編了一部目錄，名曰《七錄》。

當阮氏編集《七錄》之時，他的摯友平原人劉杳也與孝緒有同好，正

---

[28] 阮廷焯〈王儉七志考略〉，國立中央圖書館館刊 8 卷 2 期，民 64 年 12，頁 46-49。

昌彼得，潘美月著，《中國目錄學》，台北：文史哲，75.03，頁 127。

將他收集的資料編寫《古今四部書目》。及聽說阮氏在編《七錄》，為免重複，及將他所抄集的圖書資料悉數贈與阮氏。所以阮氏作七錄序，特別提及此段文字因緣，說者：「凡所抄集，盡以相與，廣其聞見，實有力焉」。並比喻為「康成（鄭玄）之於傳釋，盡歸子慎（服虔）之書也」。在阮氏以前所有的編撰書目，都是藏書目錄。只有這部《七錄》所收，包含了近代以來所有公私收藏的圖書總目錄，而非藏書目錄，為後代鄭樵編《通志藝文略》、馬端臨編《文獻通考經籍考》的張本。

《七錄》凡 12 卷，將圖書區分為 7 大類 55 小類，其類目於下：

經典錄內篇一→易、尚書、詩、禮、樂、春秋、論語、孝經、小學 9 部

記傳錄內篇二→國史、注曆、舊事、職官、儀典、法制、偽史、雜傳、鬼神、土地、譜狀、簿錄 12 部

子兵錄內篇三→儒、道、陰陽、法、名、墨、縱、橫、雜、農、小說、兵 11 部

文集錄內篇四→楚辭、別集、總集、雜文 4 部

術伎錄內篇五→天文、緯讖、曆算、五行、卜筮、雜占、刑法、醫經、經方、雜藝 10 部

佛法錄外篇一→戒律、禪定、智慧、疑似，論記 5 部

仙道錄外篇二→經戒、服餌、房中、符圖 4 部[29]

前五錄為內篇共 46 部，後二錄為外篇共 9 部，一共收錄了 6,288 部書，44,526 卷。《七錄》與《七略》、《七志》雖同用七來名書，但無論在名稱、分類、與隸次方面皆有所不同，阮氏在自序中有詳細的說明。

阮氏不將史書附於春秋，不將講理論的諸子兵書，與談實用技藝的數術方伎合為一錄，比起《七志》或四部都要合理得多。《隋志》雖然批評它「割析辭義，淺薄不經」，因為此目的小序及解題是依據各家目錄而編

---

[29] 阮廷焯〈阮孝緒七錄考略〉，圖書季刊 8 卷 2 期，民 64 年 12，頁 11-20。

昌彼得，潘美月著，《中國目錄學》，台北：文史哲，75.03，頁 129。

撰，並非見到原書。但《隋志》不得不推許它「分部題目，頗有次序」。

　　《七錄》的類目頗為細密，除經典、子兵、術伎三錄尚多承襲前目外，記傳、文集兩錄則皆阮氏所自創，為《隋志》以降書目所遵循。此目至南宋初尚見於著錄，何時亡佚，不可考，今僅存阮氏自序，收入《廣弘明集》卷三。

　　《七錄》從當時學術發展、書籍數量的實際出發分類，這種求實精神在中國文獻學史上是積極的、有益的。王、阮二書均已失傳，但其七分法，上承《七略》，下啟《隋志》，在古代文獻學史上佔有重要地位。

三、四部分類法

　　四部分類法是中國圖書分類法中最常用的一種，一般簡稱之為四分法，今人對古籍的分類仍然沿用這種方法。四分法最早出現在曹魏時代，《隋書經籍志》的序文中說：「魏祕書郎鄭默始制《中經》，祕書監荀勗又因《中經》更著《新簿》，分為四部，總括群書。」這兩部書目都已失傳，但據《隋書‧經籍志》序文記載，它們是分作甲、乙、丙、丁四部：

　　甲部→六藝及小學；

　　乙部→古諸子家、近世子家、兵書、兵家、術數；

　　丙部→史記、舊事、皇覽簿、雜事；

　　丁部→詩賦、圖讚、汲冢書[30]。

　　可見當時的四分法並不嚴謹，所以只能用甲、乙、丙、丁稱之，而不能確實為各部命名；而且內容雜錯，若勉強以後代的四分法觀念來看，它們的順序大致上是經、子、史、集。這是四分法的第一步發展。

　　到了東晉時，李充善楷書，深得鍾繇、索靖書法的精髓。曾任王導的記室參軍，遷著作郎。時當惠懷亂後，內府藏書迭遭損毀，元帝東遷江左，

---

[30] (唐)魏徵撰，《隋書三十二‧志第二十七卷‧經籍一》，元大德間(1297-1307)饒州路儒學刊明正德間修補本。

　　昌彼得，潘美月著，《中國目錄學》，台北：文史哲，75.03，頁106-107。

隨運的書，已不甚多，元帝命充予以整理。充取荀勗〔中經新簿〕舊目核對現藏，已經十不存一，僅餘 3,014 卷，經整理編為《晉元帝四部書目》。

　　李充編《晉元帝四部書目》，這部書目也失傳了，但是梁朝阮孝緒的《七錄》序中說這部書目是「因荀勗舊簿四部之法，而換其乙丙之書。」此目係沿荀勗的四部分類，但將乙丙兩部的位置互換，於是歷史圖書放在諸子書之前，成為甲經、乙史、丙子、丁集的順序，因為藏書不多，用概括之法，部下不再細分。此目的分類法，成為東晉以後以迄隋代祕閣藏書編目所遵循的制度，所奠下的四部順序，歷時千餘年而未有改變[31]。《隋書經籍志》序文即說：「自爾因循，無所變革[32]。」這是四分法的第二步發展。

　　此一時期的四分法，並未曾有部下再分類的記載。真正對後世四分法的類目產生重大影響的，卻是梁朝阮孝緒所編的七分法書目《七錄》。該目若和《漢書藝文志》相較，經典錄約等於六藝略，子兵錄約等於諸子略加上兵書略，術技錄約等於術數略，文集錄約等於詩賦略；另外加上記傳錄、佛法錄、仙道錄是新設立的。其中最值得注意的是：記傳錄下分設國史、注曆、舊事、職官、儀典、法制、偽史、雜傳、鬼神、土地、譜狀、簿錄 12 類；文集錄下分楚辭、別集、總集、雜文 4 類。後來的《隋書經籍志》即完全承襲《七錄》的類目，直接以經、史、子、集代替了甲、乙、丙、丁的稱號，從此確立了以經、史、子、集為部稱的四部在圖書分類體系中的主導地位。《隋志》將圖書區分為 4 部 40 類，後並附道佛兩部 15 類，其類目於下：

　　　經部→易、書、詩、禮、樂、春秋、孝經、論語、緯書、小學 10 類
　　　史部→正史、古史、雜史、霸史、起居注、舊事、職官、儀注、刑法、
　　　　　　雜傳、地理、譜系、簿錄 13 類
　　　子部→儒、道、法、名、墨、縱橫、雜、農、小說、兵、天文、曆數、

---

[31] 呂春嬌〈中國四部分類法的淵源與發展概述〉，中國圖書館學會會報第 68 期，2002 年 6 月，頁 109-110。

[32] 同註 30。

五行、醫方 14 類

集部→楚辭、別集、總集 3 類附：道經——經戒、服餌、房中、符籙
4 類

佛經→大乘經、小乘經、雜經、雜疑經、大乘律、小乘律，雜律、大
乘論、小乘論、雜論、記 11 類[33]

《隋志》合併子兵錄、術技錄為子部，經典錄改稱經部、記傳錄改稱
史部、文集錄改稱集部，佛法錄、仙道錄改為附錄，遂形成了一部完整的
四分法書目。這是四分法的第三步發展，四部分類法也至此正式成立。

自表面而看，是承襲自晉以來祕閣的四部分類，但自精神而言，也兼
採了阮孝緒《七錄》的優點，類目多承襲自七錄。部名以經史子集取代甲
乙丙丁，這是中國第一部以學術作為部名的四部書目。

《隋志》的部次著重於書的體裁，而漠視其學術內容；以書目作弘道
設教的工具；既以學術作為部名，但對經史子集的界限，並無嚴謹的釐定，
均對後代影響甚大，為正統派目錄的先導。

《隋志》的四部每類書目之後，各有小序一篇，每部之後各有總序一
篇，附錄的道佛兩部則僅各有總序，每類無小序，又有後序一篇，志首冠
以大序，共有序文 48 篇，與大序所言「凡五十五篇」不合。是否原《經
籍志》之道佛兩部 15 類本有小序，併入《隋書》後有所刪削，今已不可
考。

自此之後，以經、史、子、集為名的四分法，遂一直沿用至今，除佛
法、仙道後世併入子部，以及各朝代的類目略有增減之外，四分法穩定的
成為中國目錄學史上的主流。不但史志書目、官修書目多以四分法為準，
私家書目也多據四分法編成。它具有簡單明瞭的優點，但是子部中囊括了
諸子、術數、宗教三方面的書籍，頗顯龐雜，而歷代卻因襲而不改，算是
四分法中一項重大的缺失。

清乾隆年間編撰《四庫全書總目》時，進一步確定了四部分類法。《四

---

33 劉鳴鏞〈隋書經籍志研究〉，國立臺灣師範大學國文研究所集刊 29，民 74.06，頁 733-808。

庫全書總目》是以經、史、子、集為綱下列大類，大類下再分目，較之《隋書經籍志》類目分得更細，條理也更加分明，同時《四庫全書總目》也參考了自隋以來各種類目表的類目，加以釐訂，擇善而從。這樣就使四部分類法更臻完善，類目也更加合理。至此四部分類法達到了鼎盛時期。其主要類目如下：

　經　部→1 易類、2 書類、3 詩類、4 禮類、5 春秋類、6 孝經類、7 五經總義類、8 四書類、9 樂類、10 小學類

　史　部→1 正史類、2 編年類、3 紀事本末類、4 別史類、5 雜史類、6 詔令奏議類、7 傳記類、8 史鈔類、9 載記類、10 時令類、11 地理類、12 職官類、13 政書類、14 目錄類、15 史評類

　子　部→1 儒家類、2 兵家類、3 法家類、4 農家類、5 醫家類、6 天文演算法類、7 術數類、8 藝術類、9 譜錄類、10 雜家類、11 類書類、12 小說家類、13 釋家類、14 道家類

　集　部→1 楚辭類、2 別集類一（漢至五代）、3 別集類二（北宋建隆至靖康）、4 別集類三（南宋建炎至德祐）、5 別集類四（金至元）、6 別集類五（明洪武至崇禎）、7 別集類六（國朝）、8 總集類、9 詩文評類、10 詞曲類[34]

《總目》仿《隋書‧經籍志》之例，經、史、子、集四部之首，各有「總序」1 篇，撮述類部源流演變；每類之首，各有「小序」1 篇，詳述類目畫分理由和該類分併改隸原因；如義有未盡，則於部分子目或提要之後，間附「按語」，以補述之。總的來說，《總目》的編輯指導原則，即經由敘錄、按語、提要等途徑，以達闡明學術淵源、思想流派的目的。

每篇提要的內容是先列作者之爵里，以論人知世；次考本書之得失，權眾說之異同；至於文字增刪、篇帙分合，也詳為訂辨，巨細不遺。因此，每部書作者的生平事蹟、著述淵源，書的內容性質、版本、文字，以及全書的優缺點，在《提要》中都作了簡括的介紹、考證和評論。透過本書可

---

[34] 呂春嬌〈中國四部分類法的淵源與發展概述〉，中國圖書館學會會報第 68 期，2002 年 6 月，頁 106-124。

以了解古籍的編纂經過和基本內容，明瞭古籍作者的簡略事跡，認識古籍版本和文字異同的情況。

四、五部分類法

祁理孫（1625～1675）家世富藏書，其「澹生堂」藏書名聞江左。又創建「讀書樓」廣儲圖書，後又名為「弈慶藏書樓」，藏書四萬餘卷。他編撰有《弈慶藏書樓書目》（一作《祁氏讀書樓書目》）6 冊，共 4 卷，著錄圖書 1,598 種，42,636 卷，分經、史、子、集而匯成 5 大部 38 類。四部匯實為叢書部，首創叢書與四部並目體例。他把綜合性叢書分入叢書部，專門叢書分入各類，取消總集類目。此為五部分類法之始[35]。清代張之洞、繆荃孫《書目答問》，定名為經、史、子、集、叢五部。今《中國古籍善本書目》採用之。

其目著錄詳細，除錄書名、卷數、著者、版本外，加著者姓名籍貫。該目以收集詩文集、元明傳奇、戲曲、雜劇為其特色，計有「名劇匯」72本，收雜劇 270 種。謝灼華著《中國文學目錄學》對其評價較高。祁理孫晚年佞佛，不大愛惜祖傳藏書，「視同土苴」。二孫去世後，其數代藏書，漸漸散佚，史家稱為江東文獻一大厄。明、清著名藏書家如黃宗羲、朱彝尊、全祖望、丁丙等，在其藏書題跋和文集中都曾提及祁氏藏書之源流。

我國古代圖書分類法的編制是有成效的，無論是《七略》系統還是《四部》系統都能較好地滿足當時的學術發展的水準和圖書本身的特點。因為圖書分類的物件是圖書隨著歷史的發展和學術的變遷，圖書內容也是不斷發展變化的原因，與之相適應的分類體系也必然隨之化。古代各種圖書分類法是我們今天研究分類學的寶貴遺產。古為今用，乃是我們研究的目的。

---

[35] 嚴倚帆〈澹生堂〉，《圖書館學與資訊科學大辭典》https://pedia.cloud.edu.tw/Entry/Detail/?title=%E6%BE%B9%E7%94%9F%E5%A0%82

表 1：中國古代目錄學主要分類方法表

分類名稱	代表作品	朝代	創立者	具體分類
六分法	七略	西漢	劉向	輯　略→概說 六藝略→易、書、詩、禮、樂、春秋、論語、孝經、小學 諸子略→儒、道、陰陽、法、名、墨、縱橫、雜、農、小說 詩賦略→賦甲（屈原賦等 20 家）、賦乙（陸賈賦等 21 家）、賦丙（孫卿賦等 25 家）、雜賦、歌詩 兵書略→略權謀、形勢、陰陽、技巧 數術略→天文、曆譜、五行、耆龜、雜占、形法 方技略→醫經、經方、房中、神仙
	漢書藝文志	東漢	班固	班固將輯略分散到其他六略裡面。其餘六藝略、諸子略、詩賦略、兵書略、數術略、方技略悉數保留。
四分法	晉中經簿	西晉	荀勗	甲部→六藝及小學等書 乙部→古諸子家、近世子家、兵書、兵家、術數 丙部→史記、舊事、皇覽簿、雜事 丁部→詩賦、圖讚、汲冢書
	隋書經籍志	唐代	魏徵	經部→易、書、詩、禮、樂、春秋、孝經、論語、緯書、小學 史部→正史、古史、雜史、霸史、起居注、舊事、職官、儀注、刑法、雜傳、地理、譜系、簿錄 子部→儒、道、法、名、墨、縱橫、雜、農、小說、兵、天文、曆數、五行、醫方 集部→楚辭、別集、總集 附： 道經→經戒、服餌、房中、符籙 佛經→大乘經、小乘經、雜經、雜疑經、大

				乘律、小乘律，雜律、大乘論、小乘論、雜論、記
四分法	四庫全書	清代	永瑢、紀昀等	經　部→易類、書類、詩類、禮類、春秋類、孝經類、五經總義類、四書類、樂類、小學類 史　部→正史類、編年類、紀事本末類、別史類、雜史類、令奏議類、傳記類、史鈔類、載記類、時令類、地理類、職官類、政書類、目錄類、史評類 子　部→儒家類、兵家類、法家類、農家類、醫家類、天文演算法類、術數類、藝術類、譜錄類、雜家類、類書類、小說家類、釋家類、道家類 集　部→楚辭類、別集類一（漢至五代）、別集類二（北宋建隆至靖康）、別集類三（南宋建炎至德祐）、別集類四（金至元）、別集類五（明洪武至崇禎）、別集類六（國朝）、總集類、詩文評類、詞曲類
七分法	七志	南朝宋	王儉	經典志→紀六藝、小學、史記、雜傳； 諸子志→紀今古諸子； 文翰志→紀詩賦； 軍書志→紀兵書； 陰陽志→紀陰陽圖緯； 術藝志→紀方技； 圖譜志→紀地域及圖書；地域、圖譜、佛書和道書 其道、佛附見，合九條
	七錄	南朝梁	阮孝緒	經典錄內篇一→易、尚書、詩、禮、樂、春秋、論語、孝經、小學 9 部 記傳錄內篇二→國史、注潛、舊事、職官、儀典、法制、偽史、雜傳、鬼神、土地、譜狀、簿錄 12 部 子兵錄內篇三→儒、道、陰陽、法、名、墨、縱、橫、雜、農、小說、兵 11 部 文集錄內篇四→楚辭、別集、總集、雜文 4

				部 術伎錄內篇五→天文、緯讖、曆算、五行、卜筮、雜占、刑法、醫經、經方、雜藝 10 部 佛法錄外篇一→戒律、禪定、智慧、疑似，論記 5 部 仙道錄外篇二→經戒、服餌、房中、符圖 4 部
十二分法	校讎略	南宋	鄭樵	經類→易、書、詩、春秋、春秋外傳國語、論語、爾雅、經解 禮類→周官、儀禮、喪服、禮記、月令、會禮、儀法 樂類→樂書、歌辭、題解、曲薄、聲調、鍾磬等 小學類→小學、文字、音韵、音釋、古文、法書、蓄書、神書 史　類→正史、編年、刑法、地理等 諸子類→儒術、道家、釋家、法家、兵家等 天文類→天文、曆數、算術 五行類→五行一、二、三等 藝術類→藝術總、射、騎、畫錄等 醫方類→醫方上、醫方下 類書類→類書上、類書下 文類第→楚辭、別集、總集、賦、簇銘、案判、刀筆等
五分法	書目答問	清代	張之洞	經部→易、書、詩、禮、樂、春秋、孝經、四書五經、小學 史部→正史、編年、紀事本末、孝經、詔令奏議等 子部→儒、道、法、醫、兵、天文等 集部→楚辭、別集、總集、詩文集、詞典叢書部

資料來源：昌彼得、潘美月著，《中國目錄學》，台北市：文史哲，75.09。

第五節　古籍的用紙

　　造紙技術源於中國，當時首創發明以植物纖維無規則交叉排列的複合材料，在不同的環境下都能夠廉價的取得、製作、保存和書寫，它的出現與普及讓人類的知識得以方便地被保存及迅速地被傳播，對於人類文明有非常重要的意義。

　　傳統上所稱的紙，指的是先將植物纖維原料經化學作用製成純度較大的分散纖維，並與水合成漿液後，再用漏水模具加以過濾去除多餘的水分，使未被漏出的纖維在模具上凝成濕膜，最後經乾燥脫水的程序而成的具有強度的平滑薄片，就是紙。簡言之，紙是由纖維加輔料與水份共同組成的。

　　就現有的出土文獻而言，商代的文字多數寫在龜甲或獸骨上；後來則寫在竹簡或布帛上。寫在竹簡上的稱為「冊」，又寫為「策」；寫在布帛上的稱為「卷」。自東漢蔡倫發明造紙，紙很快便取代了竹帛，而廣泛應用於書寫或印刷。桓玄廢掉晉安帝以後，曾下令說：「古無紙，故用簡，非主於敬也。今諸用簡者，皆以黃紙代之[36]。」這至少在一定的範圍內，對紙的普遍應用起了催化作用。

　　概括地說，了解紙的知識有以下幾項好處：一是在收藏古籍時，透過書籍紙張的特點，可以幫助鑒定版本；二是了解一些紙張的特性，也有助於對收藏的書籍，特別是珍善本書籍進行科學的保存；三是在選擇收藏書籍時，能夠對書的紙張有所選擇，在某種意義上說，也決定著書品的好壞、藏書價值的高紙；四是一旦需要對藏書裝訂修補時，在選料用材上可以得心應手，從而更好地提高藏書質量。

　　古籍用紙種類繁多，以時代而言，有宋紙、元紙、明紙、清紙等；以原料而言，有麻紙、樹皮紙、竹紙、草紙等；以產地而言，有宣紙、開化

---

[36] (唐)徐堅撰，《初學記》卷二一、〈紙第七〉「當策代簡」條所引〈桓玄偽事〉，明嘉靖辛卯(十年，1531)錫山安國桂坡館刊本。

紙、麻沙紙等；以形態分，有硬黃紙、羅紋紙、玉版宣等。

根據現有資料，紙大概在發明了許久以後，才因縑貴而簡重而成為竹帛的代用品。據《後漢書‧賈逵傳》所載，建初元年(76)，詔逵入宮講《左氏傳》，並選高材者二十人，「教以左氏，與簡、紙經傳各一通[37]。」這是文獻上所見以紙作為書籍材料的最早記載。

至於作為書籍的材料，紙張並未能立即代替了竹帛。大約紙和竹木並存了三百年，和帛書並用至少五百年。到了晉代紙卷才完全取代簡牘，而帛書直至唐代仍在使用。從紙卷的普遍應用，完全代替了竹木簡牘，當在晉代。現存最早的紙卷書籍，大都寫成於三世紀，如三國魏甘露元年(256)用六合紙抄寫的《譬喻經》為最早的寫本之一[38]。六合紙是大麻、楮皮、破布和魚網等材料所摻合製成。宋代書家米芾(1051-1107)曾述及六合紙始自晉代，一直沿用到宋代，名稱未改。其他現存古代紙卷書籍，大都是用大麻、苧麻、楮皮等所製成。有時也採用藤、桑等材料。至於竹和禾本植物所造的紙，從宋代以來，才大量採作印書之用。唐代通用的紙都是由麻、楮皮和桑皮所製成的。

唐代以後，用來抄寫佛經和其他書籍的紙主要有二：都是用麻類纖維製成。白色的稱為「白經箋」，尺寸較小，但由於填料和加工，所以並不單薄；黃色的名為「硬黃紙」，以黃柏染色，經塗蠟砑光而成，質地堅韌，透明性強，尤適用於響拓法帖墨跡，光澤瑩滑，耐久性強，因黃柏汁可以防蟲，較厚的一種產自四川，較薄的則產自長安、洛陽和安徽。最名貴的一種稱為「金粟箋」，是特別製作為海鹽廣惠寺抄寫藏經之用。又名金粟山藏經紙，是北宋時的優質紙，由浙江海鹽縣金粟寺所藏，宋代時產生於歙州，原料多為桑麻，經過加蠟，有濃淡斑紋，紙上有朱色印文「金粟山藏經紙」。除用來寫經外，也用來裝裱珍貴書畫的引首。明屠隆《箋譜》說它「瑩白可愛」。「金粟箋」為收藏家所珍貴，並加仿製，稱為「藏經

---

[37] (南北朝)范曄撰，《後漢書》三十六、列傳第二十六《賈逵傳》，明嘉靖八至九年(1529-1530)南京國子監刊本。

[38] 錢存訓著，《中國古代書籍紙墨及印刷術》，北京：北京圖書館，2002年12月，頁91。

紙」，迄今仍用於書籍和卷軸的標籤。

　　另一種精工製作的紙，是南宋時福建建陽所產的「椒紙」，清人葉德輝在《書林清話》中說：「宋時印書紙，有一種椒紙，可以辟蠹。」「椒紙者，謂以椒染紙，取其可以殺蟲，永無蠹蝕之患也。其紙若古金粟箋，但較箋更薄而有光。以手揭之，力頗堅固[39]。」宋代印書大量使用的這種椒紙，是一種將椒水（胡椒、花椒或辣椒的浸漬汁）滲透紙中的防蠹紙。椒實中含有的香茅醛、水芹萜等有驅蟲避蠹功效。

　　在傳承唐代皮紙技藝的基礎上，五代時期出現了歷史上最負盛名的澄心堂紙。澄心堂紙只供御用，偶而頒賜群臣，外間極少見到，直到南唐（937-975）滅亡之後又過了許多年，北宋文人通過南唐宮人從南唐內庫取得，並以詩吟頌之，才漸為世人所了解和看重。劉敞詩曰：「當時百金售一幅，澄心堂中千萬軸[40]。」歐陽修詩云：「君家雖有澄心紙，有敢下筆知誰哉[41]。」梅堯臣對澄心堂紙更是評價極高，寫道：「滑如春冰密如繭，把玩驚喜心徘徊[42]。」梅堯臣明確指出，澄心堂紙出自今安徽南部的新安郡。北宋蔡襄（1012 至 1067 年）《文房四說・紙說》也明確指出：「紙，李主澄心堂為第一，其為出江南池、歙二郡[43]。」故可以肯定，澄心堂紙的產地在今皖南地區。澄心堂紙很可能是以楮皮為原料。從梅堯臣「寒溪浸楮春夜月，敲冰舉簾勻割脂[44]」等詩句描述澄心堂紙的生產工藝看，造澄心堂紙要在冬季寒溪中浸泡楮皮，月夜春搗，在冰水中盪簾抄紙，然後刷在火牆上焙乾。

---

[39] 葉德輝撰，《書林清話》，民國九年(1920)長沙葉氏觀古堂刊本。

[40] (明)郎瑛(撰)，《七修類稿》卷十九，清乾隆四十年(1775)周槑刊本。

[41] (宋)歐陽修撰，《居士集》卷五，明嘉靖丁酉(十六年，1537)吉安刊歐陽文忠公集本。

[42] 梅堯臣〈永叔寄澄心堂紙二幅〉，摘自吳江詩詞網 http://www.wjszx.com.cn/yongshujichengxin tangzhierfu-c.html

[43] （宋)蔡襄撰，《文房四說》https://zh.wikisource.org/wiki/%E6%96%87%E6%88%BF%E5%9B%9B%E8%AA%AC

[44] 梅堯臣〈永叔寄澄心堂紙二幅〉，摘自吳江詩詞網 http://www.wjszx.com.cn/yongshujichengxin ntangzhierfu-c.html

　　大致說來，一般抄寫和印書的用紙都是輕薄、柔軟、精細，主要原料是竹和楮皮，有時並混以稻麥的禾稈或其他材料。在元、明兩代，有一種用竹造成幅度特別寬大的「太史連」紙，作為書寫之用。在一些地區，以精選的竹類製成一種厚重而堅韌的紙，稱為「公牘紙」，專供公牘文件之用。在用作印書的各種紙張中，品質最好的據稱是江西永豐出產以竹製作的「棉紙」；其次是浙江常山髓產的「柬紙」，再其次是福建順昌所產的一種「書紙」，最次的是福建所產的一種「竹紙」。

　　歷代印書用的潔白紙張，以清代初年的「桃花紙」最負盛名。「桃花紙」，盛產於浙江省的開化縣，所以又叫做「開化紙」，也有稱之為「開花紙」。紙薄而韌性強，質地細膩，潔白柔軟，翻閱時手感好，清代初年內府所刊刻的書，多用此紙。清雍正間用銅活字印《古今圖書集成》，即採用了開化紙和太史連紙。

　　古代造紙，由於主要是手工操作，技術不平衡，紙的質量亦各異，但大體掌握了麻紙、竹紙和皮紙的基本特點，對於考定古書的年代還是有一定參考意義的。

　　總之，我國古代的紙張種類繁多，現略舉其要者如下[45]：

　　一、麻紙：多用大麻和苎麻製作而成。麻只有白麻紙和黃麻紙兩種。白麻紙正面潔白有光澤，背面略為粗糙，有草根紙屑粘附，但其質地堅韌，如不受潮，經久部會變質；黃麻紙微呈黃色，紙張亦比白麻紙略厚，但皆宜於書寫或印刷，而且這種紙經久耐用，很受人們看重。漢至唐一千多年均以麻紙為主。據史料記載，至明代中期，仍有麻印本行世。

　　二、藏經紙：指一種具有光澤之硬黃繭紙。又稱藏經箋、金粟箋。為

[45] 錢存訓著，《中國古代書籍紙墨及印刷術》，北京：北京圖書館出版社，2002年修訂版，頁68-125。
　　王會梅編著，《古籍概述》，蕪湖市：安徽師範大學出版社，2018，頁7-8。
　　崔文印著，《古籍常識叢談》，北京市：中華書局，2009，頁5-7。
　　安妮寶貝、韋力著，《古書之美》，北京市：新星出版社，2013，頁187-190。
　　蘭德生、趙萍著，《古今圖書收藏指南》，天津市：天津古籍出版社，2005，頁86-88。

浙江海鹽縣古剎金粟寺書寫藏經時所用之紙。據稱該寺有藏經千軸，皆用硬黃繭紙，其內外皆蠟摩光瑩，以紅絲闌界之法書之，墨光黝澤，有如髹漆，其每幅紙背均加蓋小紅印，印文為「金粟山藏經紙」，並間有宋神宗元豐年號，故知為宋代所製之古物。此紙原有黃、白二色，白色即稱金粟箋，黃色雜有斑駁則稱為藏經箋。

三、皮紙：用楮樹皮和桑樹皮所造的紙，產生於唐代，堅韌，抗蛀，比麻紙洁白平滑，因生產成本較高，重要圖書才用這種紙印刷，和白棉紙共為明代官方刻書的主要用紙。然而在中國南方書界稱皮紙為白棉紙。

四、日本皮紙：以樹皮為原料按厚薄分為兩種。厚者韌性強，紙質堅固，紙色白都有，又稱東洋綿紙。薄者俗稱日本美濃紙，紙色潔白，細薄均勻，簾紋較寬，紙面光滑，綿軟而有韌性，在日本廣為應用。清末民初我國印書也有使用。

五、白棉紙：以楮樹皮為主要原料，紙質綿軟耐折，拉力強，紙破絲連，如同棉絲，故名綿紙。白棉紙印本書籍是明刻本的一大特色，尤其在正德至萬曆間大為使用。中國的古籍善本中有不少是用白棉紙印刷。

六、高麗紙：以桑皮為主料的闊簾白皮紙。產地朝鮮，宋代傳入我國，清代我國生產仿製品，多用做書皮紙。高麗紙紙色潔白，有厚薄。厚者韌而堅固，兩面光澤如一。

七、開化紙：楮皮紙的一種。因產於明中晚期浙江省開化縣而得名。其紙雖薄而韌性極強，雖有簾紋而不明顯。開化紙始於明代，大量應用於清初至乾隆年間，列為名貴紙品，專供清內府、武英殿及揚州書局印書。

八、開化榜紙：產於開化縣，用料同於開化紙。其特徵也與開化紙相似，但比開化紙厚，紙色潔白髮暗，隱簾紋。殿版書有時也有開化榜紙印刷。

九、羅紋紙：紙色潔白，其質地、厚薄同於綿連，但橫紋深而清晰，宛如絲織羅綢一樣，故名羅紋紙。可以作為護葉，或者染色後裱書皮用。明清用此紙的印本時有所見，如雍正武英殿本《唐宋詩文醇》用的就是羅紋紙。

十、宣紙：宣紙源於唐代的宣州貢紙。主要產地是安徽涇縣，其料是青檀皮，實為綿紙或皮紙。宣紙品種很多，用於印書的主要有綿連、羅紋、單宣等。

十一、竹紙：是以竹為原料加工成的紙。產生於唐末，宋代得到普及。竹紙發脆易碎，不易留傳，其色有黃白兩種，以淡黃色居多。因此今天可見的宋版本多為麻紙。竹紙因較其他紙生產成本低廉，故中國古代留存至今的書籍大多採用這種紙。

十二、連史紙：是明清著名一時的精良竹紙，以嫩竹為料，又稱竹料連四紙。產於福建、江西兩省，色潔白，面光滑，背稍澀，沒有草棍、毛屑粘附，簾紋約一指。多見於清乾隆以後的書籍，為現代古籍修復的必備紙。

十三、毛邊紙：明代產於福建、江西兩省，以嫩竹為料染黃色而成，不防蛀。紙質較細，色淡黃，厚薄適中而脆。面光滑，背稍澀，吸水性較好，隱簾紋，毛氏汲古閣本多用此紙。一般舊書裱書皮、襯紙、補書等都用此紙。

十四、毛太紙：產地紙色與毛邊紙同，但較毛邊薄，色也較暗。面不光滑，但較柔和，為現代古籍修復的必備紙。毛氏汲古閣亦多用此紙。

十五、太史連紙：始於清代，康乾年間用來印刷殿版書的一種精緻竹紙，乾隆以後用這種紙印書基本少見。色淡黃，質細薄面平滑，背稍澀，沒有草棍、毛屑粘附，隱簾紋，抖之有響聲。

十六、萬年紅：明清時期廣東刊行的線裝書在其扉頁和封底均襯有這種紙，成為廣東刊本的特徵。色桔紅可防蟲，又稱防蠹紙。採用毛邊或連史紙塗上砒霜等染制而成。

十七、粉連紙：清代產於福建的竹料紙。年代晚於連史紙，質差、厚而粗糙，色發暗性脆，有簾紋。一般普通舊書的鑲襯多用於粉連紙。

造紙術曾作為「使者」將文明傳播到世界各地，對人類社會的文明與進步作出了重大貢獻。隨著科技的發展，機製紙的日益普及，使得傳統造紙工藝正在淡出歷史舞臺。其技術、技藝亟待傳承與保護。通過了解古籍

用紙，讀者可以從另一個角度品味欣賞古籍。古代紙張製作不易，工序繁多，不同原料和產地的紙張具有不同的特性。古人刊印古籍，需選用良紙、細心雕版或拼排活字，最終才能將書籍呈現於讀者面前。因此古籍背後，除了原書作者，還有許多造紙、雕版、排印的工匠。中國古代各種性能良好、歷久如新的古籍用紙，體現了中國高超的造紙技術，也展現了歷代造紙人的工匠精神。

第二章　文字的起源、演變與發展

　　漢字的產生為古籍的形成提供了先決條件，藉由文字的書寫以及書籍的刊刻印製，人類的文明得以傳承，中華文化的傳承與發展，是以漢字作為表達的載具，先後透過抄寫、刊刻印刷來傳播，後人得以經由書籍的閱讀，進行文化的沿習的承續，產生悠久的中華文化。

　　傳統漢文字的書寫，從甲骨文、大篆、小篆、隸書到行書、楷書，有數種不同的字體；現今世界通用的漢字，又分繁體字與簡體字的差異。然而現存傳統古籍，主要是以繁體字刊印，現代對傳統古籍的重新翻製，亦有原式翻印與簡體字重排兩種。在繁、簡兩種字體並用之際，惟恐後人對傳統古籍的閱讀與了解產生困難，仍需依前人對傳統古籍整理的模式持續進行，並藉由現今科技加以數位化，文化的傳承才不致於受阻或中斷。

第一節　文字的起源

　　文字是社會發展到一定階段的產物。原始社會時期，人群、部落之間交流較少，有聲語言已能滿足需要。後來，隨著社會生產的發展，人們的社會交際日趨頻繁，而有聲語言一發即逝，既不能傳諸遠方，亦不能留諸異日，用它作為傳遞思想信息的唯一手段，已越來越不能滿足需要了。經過古人長時間的摸索和努力，逐漸產生了一套記錄語言信息的符號系統，這就是文字。人類是經過怎樣的艱苦摸索創造了語言的，這不太容易了解。但是，對創造文字的摸索過程卻能夠勾畫出一個大體的輪廓。

　　原始社會的人，為了打破時間和空間加在語言上的局限，於是進行過各種各樣的探索與嘗試的。為了遠距離地傳送信息，他們試用過點籌火、燃烽火、吹號角、擊鼓……；為了幫助記憶和把記憶的事傳於後代，他們

也進行過廣泛的探索。這種用各種幫助記憶、傳遞信息的輔助方法，稱為記事方法。古人之俗多不可考，但根據典籍的零散記載並結合大量的人類學、民族學材料，仍可略知其梗概。

　　漢字的起源和其他古老的文字起源一樣，都是起源於圖畫文字，中國的文字是從圖畫中分離、轉化而來的。而這些早期的文字和圖畫，正是人們在長期的生產實踐中，出於記載和傳播資訊、交流思想的需要而創造出來的。當我們探討文字的起源時，自然而然地會涉足最初導致文字產生的那些原始的、記載和交流思想的記事方法，從結繩、契刻和圖畫文字談起。

一、結繩記事

　　在文字產生之前，人們為了幫助記憶，採用過各式各樣的記事方法，其中使用較多的是結繩。李鼎祚《周易集解》引《九家易》中也說：「古者無文字，其有約誓之事，事大，大其繩，事小，小其繩，結之多少，隨物眾寡，各執以相考，亦足以相治也[1]。」這表示古代曾用過結繩記事的說法。

圖 9：結繩記事
資料來源：吳哲夫著，《書的歷史》，（臺北市：行政院文化建設委員會，1985 年 9 月第 3 版），頁 10。

---

[1] (唐)李鼎祚撰，《周易集解》卷十五引《九家易》，明嘉靖丁巳(三十六年，1557)朱睦㮮聚樂堂刊本。

　　中國古籍文獻中，關於結繩記事的記載較多。戰國時期的著作《周易‧繫辭下》中說：「上古結繩而治，後世聖人易之以書契。[2]」漢朝鄭玄，在其《周易注》中也說：「古者無文字，結繩為約，事大，大結其繩；事小，小結其繩[3]。」《老子‧小國寡民章卷八十》：「小國寡民，使民有什伯之器而不用，使民重死而不遠徙。雖有舟輿，無所乘之；雖有甲兵，無所陳之；使民復結繩而用之[4]。」《莊子‧胠篋》說：「昔者容成氏、大庭氏、伯皇氏、中央氏、栗陸氏、驪畜氏、軒轅氏、赫胥氏、尊盧氏、祝融氏、伏羲氏、神農氏，當是時也，民結繩而用之[5]。」《說文解字‧序》：「……及神農氏，結繩而治，而統其事[6]。」《後漢書‧志篇‧祭祀下》說：「嘗聞儒言，三皇無文，結繩以治，自五帝始有書契。[7]」都是這種結繩記事的史實。

　　結繩記事的傳說，是保留了歷史的影子的，這也被許多外國古代記載和近代的人類學和民俗學所證實。這種結繩記事顯然是原始社會的人群在摸索記事方法時進行的一次帶有普遍性的嘗試。

二、契刻記事

　　契刻的目的主要是用來記錄數目。漢朝劉熙在《釋名‧釋書契》中說：「契，刻也，刻識其數也[8]。」清楚的說明契就是刻，契刻的目的是幫助記憶數目。契刻也是古代廣泛地使用過的方法。如《尚書‧序》：「古者，

---

[2]　(三國) 王弼注，《周易卷第八‧繫辭下》，明趙府味經堂刊本。

[3]　(漢)鄭玄注，《周易注》，出自「諸子百家中國哲學書電子化計劃」
　　https://ctext.org/wiki.pl?if=gb&res=612861

[4]　(元) 劉辰翁撰，《老子‧小國寡民章卷八十》，明末葉刊本。

[5]　(元) 劉辰翁撰，《莊子‧外篇胠篋》，明末葉刊本。

[6]　(漢)許慎撰，《說文解字‧序》，清光緒甲申(十年，1884)朱記榮刊本。

[7]　(南北朝) 范曄撰，《後漢書》〈志篇‧祭祀下〉，明嘉靖八至九年(1529-1530)南京國子監刊本。

[8]　(漢)劉熙撰，《釋名卷六‧釋書契》，明萬曆間(1573-1620)新安吳氏校刊本。

伏羲氏之王天下也，始畫八卦、造書契，以代結繩之政[9]。」《史記・三皇本紀》：「太昊、伏羲氏造書契，以代結繩之政[10]。」《管子・輕重甲》：「子大夫有五穀菽粟者，勿敢左右，請似平賈（價）取之子，與之定其契券之齒、釜鏂之數[11]。」

　　因為人們訂立契約關係時，數目是最重要的，也是最容易引起爭端的因素。於是，人們就用契刻的方法，將數目用一定的線條作符號，刻在竹片或木片上，作為雙方的「契約」。這就是古時的「契」。後來人們把契從中間分開，分作兩半，雙方各執一半，以二者吻合為憑。關於古代契刻的情況，《列子・說符》載：「宋有游於道得人遺契者，歸而藏之。密數其齒，告鄰人曰：吾富可待矣。此正數人之齒以為富者[12]。」其意為「有一個宋國人，在路上拾到一個別人遺失的契，回到家中便把契藏了起來，並偷偷地數契上刻的齒數，以為這些齒代表的錢數不少，非常高興，情不自禁地對鄰居說：我很快就要發財了。」這段故事說明古代的契上刻的是數目，主要用來作債務的憑證。這證明契刻記數的風俗在有史以後還保留著。契刻在古今中外都曾流行過，這無疑是原始人類在新石器時代、在摸索通訊記事之路上的另一種嘗試。

9　(漢)孔安國傳，《尚書・序》，日本慶長元和間活字印本。

10　(漢)司馬遷撰，《史記卷第一・三皇本紀》，明正德戊寅(十三年，1518)建陽令邵宗周刊本十六年(1521)劉氏慎獨齋校訂本。

11　(周)管仲撰，《管子第二十三卷・輕重甲第八十》，明萬曆間(1573-1620)新安黃之寀校刊二十子本。

12　(晉)張湛撰，《列子・說符第八》，明嘉靖9年至12年吳郡顧氏世德堂刊本。

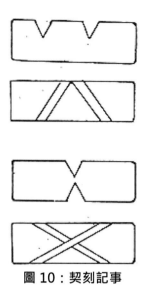

圖 10：契刻記事

參考資料：張樹棟等著，《中華印刷通史》，修訂一版（臺北：印刷傳播興
才文教基金會，2005 年）。

　　結繩記事，契刻記事，以及其它類似的記事方法，世界各地的不同民
族皆有之。中國一直到宋朝以後，南方仍有用結繩記事的。南美洲的秘魯，
尤其著名。有的民族，利用繩子的顏色和結法，還可以精確地記下一些事
情來。它只是一種表示和記錄數字或方位的一些簡單的概念，是一種表意
形式。可以把它看成是文字產生前的一個孕育階段，但它不能演變成文
字，更不是文字的產生。因為它只能幫助人們記憶某些事情，而不能進行
思想交流，不具備語言交流和記錄的屬性。因此，結繩記事不可能發展為
文字。

三、圖畫文字

　　結繩記事和契刻記事，畢竟是原始的、非常簡陋、粗略的記事方法，
記事範圍小，準確性差。人們不得不採用一些其它的、譬如圖畫的方法來
幫助記憶、表達思想。繪畫導致了文字的產生。圖畫文字和圖畫之不同，
在於圖畫是以描繪事物為目的的（雖然描繪的動機各有不同，或出於功

利，或出於巫術……），而圖畫文字則是以描繪事物為手段來助傳達助記憶的。正因為如此，圖畫要求逼真、維妙維肖；圖畫文字則只要求能夠畫出此一事物區別於彼一事物的特徵、輪廓就可以了。

新石器時代，圖畫文字應用於各種需要傳達的場合。從現代能見到的材料看，它廣泛地用於通訊、告示、啟事、書信、訴訟、請願、公告、歷史、記年、英雄傳記，詩歌記錄、人口登記……，也就是說現代文字應用的範圍，當時都有了它的萌芽。

圖畫文字是文字的起點，是孕育記錄語言的文字的母體，是世界各種文字的共同的源頭。圖畫文字雖然仍然是起提示作用的，仍然帶有助記憶的性質，但和結繩、契刻等已經有了原則上的區別。結繩、契刻的記載作用和傳遞作用需要以人的記憶為根據，它離不開當事人的參與和說明。圖畫文字則不然，它能夠形象地再現事物，因而它可以喚起有共同生活基礎的同族人的共同的觀念，使他們產生大體相同的認識。從另一方面，和有史以後的記錄語言的文字相比，圖畫文字仍未擺脫助記憶記號的籠統性和含混性。可見，圖畫文字還只是限定人們的思想對象和思想線索，並不限定所用語詞，更不顯示語法關係。這說明它和語言是游離的；它仍只具有提示性，仍殘留著助記憶的性質，只是比結繩、契刻的提示作用清楚，而且能縮小搜索記憶的範圍而已。所以圖畫文字可以稱作「圖畫提示文字」，它是從助記憶記號到記錄語言記號之間的過渡階段。

圖畫文字有它自己的獨特記載方法，它是書寫的（不管是刻在石頭上、畫在皮子上或木頭上、樹皮上……都是書寫的變相），它具有自我說明作用，具有社會性，這些都是文字的特徵。如果我們不把文字限定到記錄語言，而把在社會上起提示、交際作用的書寫的符號體系都稱作文字，那麼，傳達信息的圖畫就完全具備文字的特點。所以我們把圖畫文字看作是文字，而且只是史前的文字。

圖 11：文字畫-殷代金文

資料來源：吳哲夫著，《書的歷史》，（臺北市：行政院文化建設委員
　　　會，1985 年 9 月第 3 版），頁 11。

　　有史以來的各種文字都和圖畫文字有血緣關係。文字是語言的符號，
它代表著一定的話音和語義，而記事標記符號與語言沒有直接聯繫，即使
是敘事畫，所代表的也只是事物的形象，表達的只是概括的、約略的內容，
看的人可以用不同的語言去解說它的涵義。原始記事方法與文字盡管有著
如此重大的區別，但在歷史的進程中，它們卻有著一血緣關係——早期的
象形表意文字是由原始記事方法（尤其是契刻和圖畫）蛻變出來的。原始
記事方法在「寓意於形」這點上給象形表意文字奠定了基礎，同時也提供
了形體上、線條上的素材。在契刻和圖畫的基礎上，經過簡化、抽象化和
系統化，使之代表一定的話音和語義，便成為早期的文字。早期文字的形
體與圖畫契刻的確相當接近，查查文字家譜就可以看出，世界上有史以來
最古老的文字，埃及的聖書字，蘇美的楔形文字，克里特島的象形字，中
國的漢字等都導源於史前的圖畫文字。把圖畫文字中已經大大簡略了的圖
形和語言裡的詞結合起來，讓固定的圖標誌固定的詞；改變以事件的進程

為次序的連環畫式的方法，用語法次序來組織圖形，使圖畫文字由提示語言，由與語言中的詞、語法關係游離到和語言一致，這樣就產生了象形文字，產生了記錄語言而不是提示語言的文字，或者通過記語去記事的文字。

　　唐蘭先生在《中國文字學》中說：「文字的產生，本是很自然的，幾萬年前舊石器時代的人類，已經有很好的繪畫，這些畫大抵是動物和人像，這是文字的前驅。」然而圖畫發揮文字的作用，轉變成文字，只有在有了較普通、較廣泛的語言之後才有可能。《中國文字學》又說：「文字本於圖畫，最初的文字是可以讀出來的圖畫，但圖畫卻不一定都能讀。後來，文字跟圖畫漸漸分歧，差別逐漸顯著，文字不再是圖畫的，而是書寫的。」而「書寫的技術不需要逼真的描繪，只要把特點寫出來，大致不錯，使人能認識就夠了[13]。」這就是原始的文字。依據考古和文獻記載說明，至少在四五千年之前，中國的文字——漢字，已經誕生並日趨成熟了。

四、甲骨文

　　中國的文字從出現至今，已經歷了早期的圖畫文字、甲骨文字、古文、篆書、隸書、楷書、行書、草書，以及印刷術發明後為適應印刷要求而逐漸派生出來的各種印刷字體等漫長的發展歷程。其中，甲骨文是中國的一種古代文字，是漢字的早期形式，有時候也被認為是漢字的書體之一，也是現存中國王朝時期最古老的一種成熟文字。

　　甲骨文，又稱「契文」、「甲骨卜辭」、殷墟文字或「龜甲獸骨文」。甲骨文記錄和反映了商朝的政治和經濟情況，主要指中國商朝後期(前 14～前 11 世紀)王室用於占卜吉凶記事而在龜甲或獸骨上契刻的文字，內容一般是占卜所問之事或者是所得結果。殷商滅亡周朝興起之後，甲骨文還使用了一段時期，是研究商周時期社會歷史的重要資料。甲骨文其形體結構已有獨立體趨向合體，而且出現了大量的形聲字，已經是一種相當成熟

13　唐蘭撰，《中國文字學》，上海市：上海古籍出版社，2005.04。

的文字，是中國已知最早的成體系的文字形式。它上承原始刻繪符號，下啓青銅銘文，是漢字發展的關鍵形態，被稱為「最早的漢字」。現代漢字即由甲骨文演變而來。

　　甲骨文因鐫刻於龜甲與獸骨上而得名，為殷商流傳之書跡；內容為記載盤庚遷殷至紂王間二百七十年之卜辭，為最早之書跡。殷商有三大特色，即信史、飲酒及敬鬼神；也因為如此，這些決定漁撈、征伐、農業諸多事情的龜甲，才能在後世重見天日，成為研究中國文字重要的資料。

圖 12：甲骨文（中央研究院史語所藏品）

　　商代已有較為成熟的筆墨，書體因經契刻，風格瘦勁鋒利，具有刀鋒的趣味。甲骨上細瘦的筆跡，也受到刀刻的影響。占卜時常用「是」或「否」刻於龜甲中央縱線兩側，自此中線向左右書寫，故兩旁對稱和諧，具有行款對稱之美。且契刻後，大小字分別填上墨朱，或正反面分填朱墨，更深具藝術之意味，堪稱書史奇跡。

　　甲骨文的內容大部分是殷商王室占卜的紀錄。商朝的人皆迷信鬼神，大事小事都要卜問，有些占卜的內容是天氣晴雨，有些是農作收成，也有問病痛、求子的，而打獵、作戰、祭祀等大事，更是需要卜問了！所以甲

骨文的內容可以隱略了解商朝人的生活情形，也可以得知商朝歷史發展的狀況。 甲骨文的發現最早時間，是在清末光緒二十五年以前。發現地點，在河南省安陽縣小屯村的洹河南岸田庄。村人於耕種時，在土層中掘出一些龜甲獸骨碎片，其中大部刻有奧難辨的文句。當時，村人當作龍骨轉售藥店為藥材。直至光緒二十五年（1899），經考古學家王懿榮發現，確定了它在研究歷史資料上具有珍貴的價值後，就開始被介紹到了學術界。復經劉鶚、孫詒讓、羅振玉、王國維、葉玉森諸家的先後蒐集考究，其中羅振玉更瘁全力以為提倡，始奠定了甲骨學的地位。

甲骨學的著述，最早問世的是劉鶚的《鐵雲藏龜》，時在清光緒二十九年（1902）出版，續有孫詒讓的《契文舉例》、羅振玉的《商卜文字考》、《殷墟書契考釋》、《待問編》。商承祚的《殷墟文字類纂》、王國維的《殷卜辭中所見先公先王考》及《續考》、王襄的《簠室殷契類纂》、葉玉森的《殷契鉤沉》、《說契》、《研契譚枝》、朱芳圃的《甲骨文字編》、孫海波的《甲骨文編》、董作賓的《甲骨文斷代研究例》、《甲骨文字集釋》、金恆祥的《續甲骨文編》、嚴一萍的《殷商編》、《甲骨文斷代研究新例》、饒宗頤的《甲骨文續編》、《殷墟文字甲乙編》。更有歐美傳教人士及日本學者等，亦先後於民國十七年中央研究院繼續發掘時，在我國搜購甲骨甚豐，並多有專著發表。近三十年來，對甲骨學最有貢獻的，應推董作賓先生。董氏曾親自參與發掘甲骨出土工作，他據殷代卜辭，將過去甲骨學的研究階段，分成前後兩期，前期從光緒二十五年己亥，到民國十六年丁卯（1899—1927），共為二十八年，後期自民國十七年戊辰，到民國三十八年己丑（1928—1949），共二十一年。

甲骨文是中國的一種古代文字，被認為是現代漢字的早期形式，有時候也被認為是漢字的書體之一，也是現存中國最古的一種成熟文字。甲骨文又稱契文、龜甲文或龜甲獸骨文。甲骨文是一種很重要的古漢字資料。絕大部分甲骨文發現於殷墟。殷墟是著名的殷商時代遺址，在河南省安陽市西北小屯村、花園庄、侯家庄等地。這裏曾經是殷商時代後期中央王朝都城的所在地，所以稱為殷墟。這些甲骨基本上都是商王朝統治者的占卜

紀錄。甲骨文所記載的內容極為豐富，涉及到商代社會生活的諸多方面，不僅包括政治、軍事、文化、社會習俗等內容，而且涉及天文、曆法、醫藥等科學技術。

從字型的數量和結構方式來看，甲骨文已經是發展到了有較嚴密系統的文字了。漢字的「六書」原則，在甲骨文中都有所體現。但是原始圖畫文字的痕跡還是比較明顯。其主要特點：

（1）在字的構造方面，有些象形字只注重突出實物的特徵，而筆畫多少、正反向背卻不統一。

（2）甲骨文的一些會意字，只要求偏旁會合起來含義明確，而不要求固定。因此甲骨文中的異體字非常多，有的一個字可有十幾個甚至幾十個寫法。

（3）甲骨文的形體，往往是以所表示實物的繁簡決定大小，有的一個字可以佔上幾個字的位置，也可有長、有短。

（4）因為字是用刀刻在較硬的獸骨上，所以筆畫較細，方筆居多。

由於甲骨文是用刀刻成的，而刀有銳有鈍，骨質有細有粗，有硬有軟，所以刻出的筆畫粗細不一，甚至有的纖細如髮，筆畫的連線處又有剝落，渾厚粗重。結構上，長短大小均無一定，或是疏疏落落，參差錯綜；或是密密層層十分嚴整莊重，故能顯出古樸多姿的無限情趣。

甲骨文，結體上雖然大小不一，錯綜變化，但已具有對稱、穩定的格局。所以有人認為，中國的書法，嚴格講是由甲骨文開始，因為甲骨文已備書法的三個要素，即用筆、結字、章法。

第二節　文字的發展和規範

中國的文字，從開始產生的時候，都是按照實物摹寫的圖畫文字或象形文字。我國漢字的出現，就現存的古代文字而言，以商朝後期的甲骨文為最早，可知漢字的起源絕對在商朝以前，到殷商時代的甲骨文字，已經

發展相當成熟了。

　　古人關於漢字的出現與形成之說法不一，《荀子·解蔽》、《呂氏春秋·君守》及《韓非子·五蠹》說是倉頡造字，孔安國〈尚書序〉則歸於伏羲氏，但這種將文字之產生歸於某人之功的說法是不正確的。文字的產生是由古代人民共同創造的，之後經由某些人加以整理、統一則是可能的。因此，我國文字在數千年的發展過程中，基本上是沿著兩個方向演變，即新字的創造與形體的演化。

　　隨著社會的發展，人們的思想日益複雜，象形文字逐漸向符號化發展、演變，記錄和傳播資訊的文字也日益增多，導致文字向指事、會意、轉注、形聲、假借，即所謂「六書」發展、演進。這樣才可以完整地表達人們的思想了。

一、漢字的構成

　　中國的文字，大約由象形、指事、形聲、會意、轉注、假借等六種法則。這六種文字法則，古人稱為「六書」，是古代文字學學者分析漢字構造及其使用歸納出來的組成全部漢字的六種條例。其中象形和指事都是字形不能再加以分析的「獨體」，稱為「文」；會意和形聲都是字形可以分析的「合體」，稱為「字」。以上四種是文字構造的基本法則，轉注和假借則是文字構造的補充法則。東漢時代的學者許慎在他所撰寫的《說文解字》序文中，對六書的定義都作了簡單扼要的解釋。

(一)象形

　　這種構字方法，是指字的形狀是仿照事物的形狀書寫而成的，《說文解字》說：「象形者，畫成其物，隨體詰詘，日、月是也[14]。」其意為造字的人客觀地運用一些簡單的筆畫，隨著物體的形象彎彎曲曲地描摹出

---

[14] (漢) 許慎著，《說文解字》序，明萬曆戊戌(二十六年，1598)陳大科刊本。

來；像日、月二字就是這一類的例子。象形字（嚴格地說，應當稱為「文」）
所表示的物體形象大約有四類：

　　屬於人體方面的形象，如（子）、(人）、（口）、（心）等。

　　屬於天文、地理方面的形象，如（日）、（月）、（山）、（水）等。

　　屬於動植方面的形象，如（牛）、（鳥）、（木）、（瓜）等。

　　屬於器物方面的形象，如（門）、（琴）、（冊）、（弓）等。

(二)指事

　　「指事」這種構字方法，是用文字來反映事物的真實狀況的，即所謂
「各指其事以為之」。《說文解字》說：「指事者，視而可識，察而見意，
上、下是也[15]。」其意為看了字形的結構，就認識到它是一種記號；再仔
細觀察，便知道它的含義所在，上下二字即屬此例。

　　指事字是用象徵性符號或在象形字上加提示符號來表示的造字法，用
指事法造出的字是指事字。指事字分兩種：一種是純象徵性符號構成的，
例如：一、二、三、四、上、下等，這類指事字很少；另一類是在象形字
的基礎上增加提示性符號構成的，如「刃」在「刀」加一點，表示刀口；
「甘」在口內加一點，表示口中含有甘美的食物，使文字更加生動，一目
了然。

(三)形聲

　　「形聲」文字，由形、聲兩部分組成。《說文解字》說：「三曰形聲。
形聲者，以事為名，取譬相成，江、河是也[16]。」其意為依事物的類別，
拿一個字作為「形符」，再取字音相同或相近的另一字作為「聲符」；最
後把「形符」和「聲符」兩部分結合，便形成了一個新的字。例如「江」、
「河」二字拿「水」作形符，表示它們都是屬於水類。形聲字依照字形的
排列，可以歸納為六類：1.左形右聲，如伴、鰻等。2.右形左聲，如雞、

---

[15] 同註14。

[16] 同註14。

郡等。3.上形下聲，如菁、霖等。4.下形上聲，如驚、烈等。5.外形內聲，如圃、衷等。6.內形外聲，如聞、辯等。

(四)會意

「會意」字的構成原則，是將兩個原有字的字義連接起來而派生出來一個新的字義，從而產生一個新字。即「會合人的意思也」。《說文解字》說：「會意者，比類合宜，以見指撝，武信是也[17]。」其意為合併兩個或兩個以上的字，將它們的字義會聚起來，即可表現出新字的含義所在。例如合併「止」、「戈」二字，會聚這兩個字的意思，便表現出「武」的字義；又如合併「人」、「言」二字，會聚這兩個字的意思，就表現出「信」的字義。

(五)轉注

「轉注」的含義在於用兩個字互為注釋，彼此同意而不同形。許慎在《說文解字序》指出：「轉注者，建類一首，同意相受，考老是也[18]。」例如「考」、「老」二字，古時考可作「長壽」，「老」、「考」相通，意義一致，即所謂「老者考也，考者老也」。古詩《大雅‧棫樸》云：「周王壽考[19]。」蘇軾〈屈原塔〉詩有「古人誰不死，何必較考折[20]。」一語。其中的「考」皆「老」意。故這類字稱為轉注字。

(六)假借

「假借」字，簡言之，即一字兩用。原來本無此字，然而有些新的意義又無字表達，於是就把這種新的尚無字可以表達的意義賦與一個原有的字，《說文解字序》指出：「假借者，本無其字，依聲託事，令長是也[21]。」

---

[17] (漢) 許慎著，《說文解字》序，明萬曆戊戌(二十六年，1598)陳大科刊本。

[18] 同註17。

[19] 諸子百家中國哲學書電子化計畫 https://ctext.org/book-of-poetry/yu-pu/zh#n16264

[20] 中華古詩文古書籍網 https://www.arteducation.com.tw/shiwenv_881017d68265.html

[21] (漢) 許慎著，《說文解字》序，明萬曆戊戌(二十六年，1598)陳大科刊本。

如借用當小麥(古意)講的「來」字，作來往的「來」；借當毛皮講的「求」字，作請求的「求」即是。

　　漢字構成的「六書」之說，是古代文字學學者對漢字構成進行分析、歸納出來的字學理論。它所包含的漢字及其構成方法，是在文字發展史上長期實踐中逐漸演化而成的。

二、漢字的演變與發展

　　中國文字的發展，經歷了數千年漫長的歲月。秦統一中國後，連續對漢字進行簡化、整理，使漢字逐漸走向規範化。漢字的發展，大致可分為古文、篆書、隸書、楷書等四個階段的演變過程。其中，篆書又有大篆、小篆之分；隸書則有秦隸、漢隸之別。由此可知，歷史上任何一種新的字體，都是經過長期演變逐漸形成的。總體來說，楷書形成後，中國文字已基本定型。

　　篆書起源甚古，為甲骨及銅器銘文所用。隸書通行於漢代。又有北碑或魏碑等名稱，實都為一種字體。西晉雖已有楷書的寫怯，然直到唐初始有真正的楷書或正體。草書與隸書同時通行，草有稿意，草書來自隸書，然也受篆書影響，其特點為寫得快且流利，因其在晉唐時代通行，又稱「章草」，以示與後代的草書有別。「章」用以上書皇帝，因漢代奏章底稿用草體，因而名為「章草」。

　　晉代草書有二體，一為「行草」或即「草書」，為書法名家王羲之及其門人所寫，流行直到明清。另一體為「行書」，由楷書演變出來的，所以比草書要容易認識。然行書沒有定式，因與草書相混雜，所以行書和草書之間，並無什麼界限可言。中國字體的演變綱要，有如下述[22]：

---

[22] 勞榦〈從木簡到紙的應用〉，《中國圖書版本學論文選輯》，台北市：學海，70.10，頁 72-73。

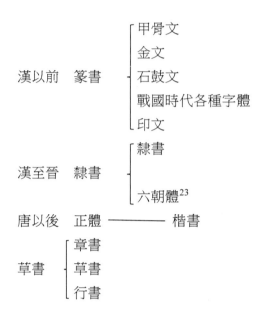

漢以前　篆書　┌ 甲骨文
　　　　　　　　金文
　　　　　　　├ 石鼓文
　　　　　　　　戰國時代各種字體
　　　　　　　└ 印文

漢至晉　隸書　┌ 隸書
　　　　　　　└ 六朝體[23]

唐以後　正體 ———— 楷書

草書　┌ 章書
　　　├ 草書
　　　└ 行書

　　戰國末期，漢字由象形文字漸變為直線組成的字，由美術體漸漸簡化。壽縣出土的楚銅器和長沙的竹簡，字體都已簡化，儘管和後來的隸書截然不同。

　　晉代名書家衛恒說[24]隸書起於程邈。他在下獄十年中，創立新體，終於成功，進呈皇帝，因而獲釋，並任為秘書丞。這一新體流行於皁吏間，因名「隸書」，或「草書」。隸書與印文不同而易寫，因為皁吏所樂用。我們雖無從得知漢初詔令所用的字體，然到文帝時所記的伏生尚書，已用新體（隸書），後來古文尚書發現，遂引起西漢末年諸儒今古文之爭。由此可見西漢時期的隸書的重要。在現有的木簡中，有早到漢武帝的，可知當時隸書已甚為通行。

　　後漢盛行刻石，除少數印文外，幾全用隸書，而無人認為隸書或篆書是一種藝術[25]。所有石刻不像唐代刻石署有書人姓名，未署名便表示出於

---

23 六朝指吳(三國之一)到陳，包括南北朝的南北各朝。
24 晉書衛恒傳：程邈見於許慎說文序，許氏以為印文為其所創。諸家注說文咸認此處有錯簡。因印文自秦始皇的一些石刻中業已使用，不似可能為一平民所創。
25 惟有草書方是藝術，也限於名家手筆。草書的筆調與繪畫相關。

匠人而非書家。

　　隸書的特點是橫筆右端作鴨咀狀。晉代（四世紀時），便只有捺還如此寫法。漢代的字橫長而直短，四世紀時，字體成為方形。漢隸和六朝的字體[26]截然不同。

　　草書宜於快寫，濫觴於印文而參雜隸書，所以筆劃近隸而韻味如篆。草書可分章草（用以起草），草書（特指晉代的一些寫得快的字），行書（介於楷、草間的一種書體。寫的比較放縱流動，近於草書的稱行草；寫的比較端正平穩，近於楷書的稱行楷）和「狂草」（草書的自由體）。其中以章草最重要，常用以木簡。章草為最早的草書，在金石中從未發現，所以木簡以前的章草極少見到。漢代社會流行有兩種啟蒙讀本：蒼頡篇用隸書寫的，急救篇則用章草寫的。梁人編千字文，到唐代甚為流行，遂取代急救篇，因而後世不傳。僅漢簡中尚存一麟半爪，然宋人摹寫的急就篇尚有流傳。這些摹本曾經刻石，近年又屢經複印[27]覆本雖不免失真，然仍足資與木簡上的字比較其結構。

　　由漢簡看來，隸書和章草並非各不相關的兩體。同樣一個字在同一簡片上兩種寫法並存，不足為奇。即使全是隸書的簡片，也不乏寫得較快的，有時便有章草的筆劃出現。漢代石刻，多係碑誌，鮮作他用。隸書常用作稍快寫體，為行書所從出。

　　中國漢字經過了 6000 多年的變化，其演變過程是：甲骨文（商）→金文（周）→小篆（秦）→隸書（漢）→楷書（魏晉）→行書。以上的「甲金篆隸草楷行」七種字體稱為「漢字七體」。總之，漢字演化各階段的特點：

　　(一)甲骨文：商朝時刻寫在龜甲、獸骨上的文字。

26　此體介乎立楷之間而近楷。六朝人士自承所寫實無殊於漢隸，而唐代書家則認為所寫的楷書與漢帶不同。唐玄宗泰山碑是用隸書寫的，與當時流行的字體不同，這是首次把隸書看做古體。

27　急救篇的覆本(原本皇象書)：有羅振玉吉石盦叢書本。而三希堂法帖中的趙子昂本為最著。王國維校松江本急救篇序(觀堂集林，藝文版六十七頁，民國四十五年)曾有論述。敦煌有急救篇殘簡，然已改隸書。

(二)金文：是商周時代鑄刻在青銅器上的銘文，又稱鐘鼎文；金文有粗而寬的筆劃，點畫圓渾，金文比甲骨文更規範。

(三)古文：係指春秋戰國及其以前古書上的文字。許慎在《說文解字敘》中說：「周太史籀著大篆十五篇，與古文或異[28]。」將古文與大篆相提並論，說古文是史籀以前的文字的通稱。古文主要是指《易經》、《論語》、《春秋》、《尚書》、《周禮》、《呂氏春秋》、《孝經》等古書上的文字，是比較早的筆書文字，五四以前的文言文的統稱（一般不包括「駢文」）。漢代通行隸書，因此將秦以前的字體叫做古文，特指許慎《說文解字》裡的古文。

(四)大篆：大篆又有籀文、籀篆、籀書、史書之稱。周宣王時，太史籀作《大篆》十五篇，因其為籀所作，故世稱「籀文」。「籀文」乃據古文而作，是在古文基礎上整理出來的，故其與古文或同或異。今其文散見於《說文解字》和後人收集的各種鐘鼎彝器之中。其中以周宣王時所作石鼓文最為著名。西周晚期，金文形體趨向線條化，筆劃比較整齊、勻稱。

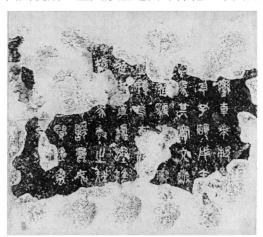

圖 13：大篆

資料來源：《石鼓文》周宣王(827-782 B.C.)刻清同光間(1862-1908)拓本。
（國家圖書館藏品，金 2242）

---

[28] (漢) 許慎著，《說文解字》序，明萬曆戊戌(二十六年，1598)陳大科刊本。

　　(五)小篆：小篆又名秦篆，為秦朝丞相李斯所創。李斯按照秦國的文字標準，對漢字進行整理簡化，在全國推行，這種新字體叫小篆。小篆較之大篆，形體筆劃均已省簡，而字數日增，這是應時代的要求所致。從古文到大篆，從大篆到小篆的文字變革，在中國文字史上具有劃時代的意義，佔有重要地位。

圖 14：小篆

資料來源：張樹棟等著，《中華印刷通史》，修訂一版，（臺北：印刷
　　　　　傳播興才文教基金會，2005 年）。

　　(六)隸書：隸書始為秦朝程邈所作。徐鍇注說文解字序：「王僧虔云：秦獄吏程邈善大篆，得罪，繫雲陽獄，增減大篆，去其繁複，始皇善之，出為御史，名其書曰隸書。[29]」其意為程邈本為秦朝縣之獄吏，因得罪於秦始皇而被投入雲陽獄中。他在獄中苦心覃思十年，損益小篆，作隸書三千字，上之始皇。始皇採納用之，遂拜其為御史。秦隸亦名古隸，可見於秦權、量、詔版刻辭，以及西漢石刻、東漢少數碑刻等。篆書筆劃圓轉，符號性顯然大加強。小篆文字規範了，但書寫不方便，民間流行一種更簡單的字體，叫隸書。漢隸乃指漢代通行之隸書，盛行於東漢，亦稱分隸或八分，其體勢與秦隸之不同，在於橫筆出鋒揮出波磔。

---

[29] 李福臻〈隸書〉，出自中華百科全書 http://ap6.pccu.edu.tw/Encyclopedia_media/main-art
　　.asp?id=10097、民國 72 年典藏版。

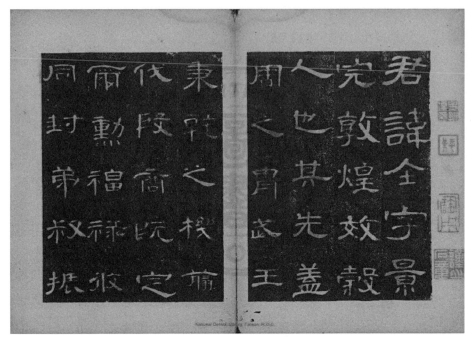

圖 15：隸書

資料來源：《郃陽令曹全碑》，漢中平二年(181)十月刻墨拓乾字末穿本。

（國家圖書館藏品，金 1502）

(七)楷書：楷書又稱「正書」、「真書」，是指端整的字體。楷書由
隸書直接演化而來的正規字體，它把隸書的「蠶頭雁尾」變為平直，字由
扁平改為方正。楷書開始萌芽於漢末，盛行於魏晉南北朝，唐代時最為鼎
盛。這種字體一直通行到現在，而且是人們學習書法必須練好的基本功。
漢朝後期，隸書又演變為楷書。字形結沒有什麼變化，書寫更為簡便。

圖 16：楷書

資料來源：《大達法師玄祕塔碑》(唐)裴休撰，唐會昌元年(841)十二月

刻墨拓本。（國家圖書館藏品，金 1828）

(八)草書：東漢文字學家許慎（生卒不詳）說：「漢興有草書[30]。」他所說的「草書」是章草。章草是隸書的快寫，一種便捷的書體。它保留了隸書的雁尾等特徵，但變隸書的方折為圓轉。章法上字字獨立，並不連綿。相傳後漢張芝（東漢靈帝、獻帝時人）脫去了章草中隸書的特色，使雁尾變為向內呼應的收筆；上下字之間的筆勢牽連相通，甚至有了字型大小攲正的自由放縱，形成所謂的「今草」。由於草書的簡化造形，使線條更自由地顯現其動感，這種線性的律動感，是欣賞草書時很重要的審美要素。

今草誕生後，就特別受到書家的重視，尤其經過以王羲之（321-379，一說 303-361）、王獻之（344-386）父子等晉代文人的發展，今草的體式已完全成熟，成為草書的標準。晉朝之後，今草的風貌基本上已跳不出王

---

[30] （漢）許慎著，《說文解字》序，明萬曆戊戌(二十六年，1598)陳大科刊本。

羲之父子的系統。各朝重要的草書書法家除二王之外，還有隋有智永（生卒不詳），唐有孫過庭（生卒不詳）、張旭（生卒不詳）、懷素（725-785），宋有米芾（1051-1107）、黃庭堅（1045-1105），元有趙孟頫（1254-1322）、張雨（1283-1350），明有祝允明（1460-1526）、文徵明（1470-1559），清有傅山（1606-1684）、王撰（1623-1709）等各自名重一時。草書特徵是筆劃連帶、結體簡約、字形奔放。

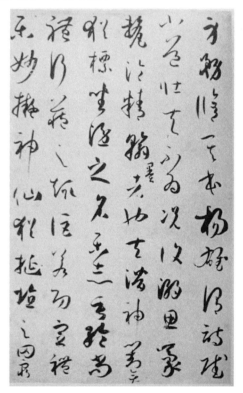

圖 17：草書

資料來源：《書譜》(唐) 孫過庭撰，明萬曆 18 至 19 年王元貞金陵刊本。（國家圖書館藏品，06756-0005）

(九)行書：行書在東漢末年即已形成，至東晉時可謂極盛時期。由於行書介乎楷書和草書之間，它比工整的楷書自由，比率性的草書易認，所以被廣泛應用。王羲之是行書成熟時期最具代表性人物，他的《蘭亭序》

公認為天下第一行書。唐代行書也很流行，其中以顏真卿《祭姪文稿》被
評為天下第二行書。宋代書法，行書的成就甚高，宋四家——蘇軾（1037-
1101）、黃庭堅、米芾、蔡襄（1012-1067）皆擅行書。元代書法家中，趙
孟頫也兼長行書，有人說他集前代之大成，尤其得力於王羲之父子，影響
當時的書壇。明代書法家大都長於行書，著名者有文徵明、董其昌。清代
行書受趙孟頫、董其昌影響很深，形成「台閣體」。乾隆以後，由於出土
碑刻很多，書法隨之改變了方向。如鄭燮（1693-1766）在行書中溶入篆隸
結構，面目一新。劉墉（1720-1804）則初學趙孟頫和董其昌，晚年潛碑刻，
自行一格。

圖 18：行書

資料來源：《蘭亭序》(晉)王羲之撰并書，晉永和九年春(352)刻石印本。
（國家圖書館藏品，金 2385）

　　綜上所述，中國的漢字，自原始的圖畫文字起，演進到今日人們普遍用於書寫、印刷、藝術等的現用字體，歷經了古文、大篆、小篆、隸書、楷書、行書、草書、宋體(印刷體)等主要演變過程。其中，從古文到楷書，已經完成了人們對文字規範之要求，具備了發明印刷術在規範文字方面的要求和條件。文字演進的主要動力，來自社會文化事業發展對文字在簡易、規範和藝術美等方面的需求。正是這種社會的需求，使得中國的文字從不規範到規範，為印刷術的發明與完善創造了條件；也是由於這種社會需求，導致印刷術發明後的印刷字體的出現和成熟；還是出於這種社會需求，在現代印刷技術高度發展之今日，印刷對美化版面等藝術領域的要求提上日程，導致黑體、標準體、美術字體等的出現和應用，使得今天的印刷版面為之一新。社會需求是文字乃至印刷術發展的真正動力。

表 2：中國文字演進表

演進	別稱	通行時間	特色	備註
甲骨文	甲骨卜辭	商代	書體方向不拘 筆畫未定	
金文	鐘鼎文	商周		
大篆	籀文	周宣王時太史籀作 戰國時代秦國採用	結體繁重	
古文	蝌蚪文	戰國時代六國文字	1.分佈地域甚廣，訛變複雜 2.字型頭粗尾細像蝌蚪	
小篆		秦李斯造	1.筆劃和方位趨於固定 2.圖畫意味喪失更多 3.已顯得很工整	
隸書		秦程邈所創	1.便於書寫 2.改曲為直、圓為方，字體結構同化十分明顯 3.以脫離圖畫，成為純粹線條的符號組合 4.中國文字到漢隸以達定型階段	
草書 楷書 行書	漢隸變體	興起於漢末，實行於漢代以後		

資料來源：

1.唐蘭撰，《中國文字學》，上海市：上海古籍出版社，2005 年 04 月。

2.張樹棟等著，《中華印刷通史》，修訂一版（臺北：印刷傳播興才文教基金會，2005 年）。

第三章　古籍的載體

　　從人類的思想要用文字表達時候起，文字就有個載體問題。載體就是書籍的製作材料。書籍的製作材料，制約著書籍的製作方法。書籍製作材料和製作方法，又影響著書籍裝幀形制的演變。

　　中國文化的保存和傳遞，主要依賴於口耳相傳和載體記事兩種方式。文字產生之前，所採用的是結繩、契刻和圖畫；文字產生之後，則是以甲骨、青銅和石頭為載體，靠文字記事來保存和傳遞文化。文字的起源和初期的書籍距今大約 4000～5000 年前，中國就已經有了文字。到商、周時期，文字逐漸定型。文字必須藉載體才能得以表現，而文字與載體的結合，便是初期書籍的雛型。

第一節　龜甲、獸骨

　　我國現存最早的文字記錄為殷商的甲骨卜辭，可知初期書籍的製作材料之一就是甲骨；甲是龜甲，契刻在烏龜的腹甲（少數為背甲）上的文字，稱甲文；骨是獸骨，契刻在牛肩胛骨或鹿頭骨上的文字稱骨文，合稱甲骨文。最早出土於河南安陽小屯殷墟遺址，故稱殷墟甲骨。其內容主要是殷王朝占卜的記錄，又稱殷墟卜辭、甲骨刻辭、殷墟書契[1]。事實上，甲骨之使用並不限於殷商一代，西周初期也曾大量採用。

---

[1]　劉兆祐著，《文獻學》，台北市：三民書局，2007 年 3 月，頁 208-210。

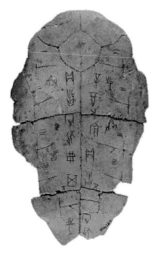

圖 19：甲骨卜辭（中央研究院史語所藏品）

　　對這些龜甲和獸骨上的文字未被認出以前，它只是被當作不值錢的藥材，出現在藥店裡。清朝光緒二十五年（西元 1899 年），劉鶚客遊北京，拜訪當時的國子監祭酒、山東福山人王懿榮，正趕上王懿榮身患虐疾，大夫給他開的藥方裡有一味藥叫「龍骨」。家裡人把藥抓回後，劉鶚驚奇地發現「龍骨」，上刻一種類似篆文，而又不認得的刻痕，即認為這不是什麼「龍骨」，而是古代文物，便開始搜集研究起來。一個世紀以來，大約有二十多萬片刻有文字的甲骨在河南安陽和陝西周原等地區出土，分藏在中國及全世界各地。這些甲骨是先民們用以占卜的遺物，刻在上面的文字，也就是占卜的記錄，所以甲骨文的別稱又叫卜辭。其後，經過一些學者如孫詒讓、羅振玉、王國維、董作賓、郭沫若、胡厚宜等人的研究，才確定其對殷商西周時期的文字材料。

　　殷人迷信，舉凡征伐、狩獵、畜牧、農事以及災害、疾病、祭祀等，事前都要求神問卜預測吉凶。甲骨便是用於占卜的工具。將龜甲和獸骨經過刮削整治後，在其背面鑽出圓形的深窩或鑿出稜形的淺槽。占卜時把要問的事情先向神祈禱說明，而後用燒著的樹枝在深窩的中間或淺槽的邊緣燙灼。於是在甲骨的正面就會出現不同形狀的裂紋，這就是卜兆。神的旨意就從這些卜兆中辨識出來。貞人根據裂紋長短、粗細、曲直、橫斜、隱

顯等判斷吉凶、甲骨文獻的紀錄有一定的格式；最前面刻有占卜的時間和貞人的名字，稱為前辭；按著刻有向神請示的問題，即貞辭或命辭，殷王握有根據卜兆作出凶吉判斷的權力。記錄下來是為果辭或占辭。事後應驗的情況為驗辭。這就是一件完整的甲骨檔案文獻，收藏起來，以備查驗。對於特別重要的卜辭有時還在字畫裡填上朱墨，以期引起注意。

　　商代甲骨卜辭是西元前 14 世紀至西元前 12 世紀盤庚遷殷以後 8 世 12 王 273 年間王室占卜的記錄。清光緒 25 年(1899)國子監祭酒王懿榮發現並著力收藏。此後劉鶚、羅振玉、王國維等對甲骨文繼續進行收集和研究，據統計，目前各地收藏的甲骨共 150,000 片以上，單字約有 4,500-5,000 個，其中將近一半可以識讀。1928 年以後進行的科學發掘證明，甲骨檔案不是隨意丟棄，而是有次序地疊放在一塊，有些在外地占卜的，也運到京都的檔案庫來存檔。有些甲骨上還有「三冊，冊九三」，「冊六」及穿編繩的圓孔，這說明當時已有編次龜冊的檔案編輯活動。西周時期也有甲骨卜辭，最早是在山西洪洞坊堆村遺址發現，以後在陝西灃西張家坡和北京昌平白浮西周墓葬中又有發現。1977 年在陝西歧山鳳雛村出土 17,000 餘片甲骨，其中有字的近 200 片。畫多的一片刻有 30 個字，同原遺址出土的甲骨卜辭，字體極小，刻畫纖細，記載了西周初期的一些人名、地名及周人與商王朝的關係。商周卜辭的發現證實了《尚書‧堯典》中所保存的天象觀測材料是可靠的。《史記》中所載夏商周三代世系一表是「信史」。《山海經》中一些傳說也反映了一定程度的實際情況，並非全部為後人偽託。商周甲骨可以證明早在 3,000 多年前，我國已開始了檔案編輯工作。當時的黃河流域氣候溫暖、水草茂盛，特別是中下游一帶，非常適合牛、羊、麋鹿等動物的繁衍生息。故以就地取材及廢物利用而言，大概也是被取用為書寫材料的原因之一。

　　占的吉凶取決於卜兆，卜兆之好壞則視占卜時所出現的粗細、長短、橫斜、曲直及隱顯之裂紋如何。占卜用之甲骨上的裂紋，實際上就是用火烤灼骨頭的痕跡。如果使用的是圓骨或塊骨，因其體積較厚或面積較小，所以很難出現裂紋，當然也就難於取得卜兆。基於這個原因，所以必須選

用平面較大的片形骨，如此才有利於占卜。或許殷商及西周之先民採用甲骨刻字，也是基於這個原因吧！

　　甲骨卜辭包括占卜日期、卜人姓名、所卜事件，以及卜人對卜兆之解釋和應驗情況之記錄，內容涉及政治、戰爭、祭祀、獵、農牧等方面，提供研究當時社會生活的母貴資料，雖然只屬檔案性質，卻是我國初期書籍形態之一。如此一來，甲骨固可視為書籍之製作材料。

第二節　青銅器

　　青銅器的使用，從商、周之盛行，到西漢之後的逐漸衰微，約有 1,600 年的歷史。青銅的主要成分是銅，然後加入一定比例的錫，由於鑄造出的合金呈青灰色，因而稱為青銅。顧名思義，青銅器即為此類青銅所鑄造的器血。

　　中國使用銅的歷史年代久遠。大約在六、七千年以前我們的祖先就發現並開始使用銅。1973 年陝西臨潼姜寨遺址曾出土一件半圓型殘銅片，經鑒定為黃銅。1975 年甘肅東鄉林家馬家窯文化遺址（約公元前 3000 左右）出土一件青銅刀，這是目前在中國發現的最早的青銅器，是中國進入青銅時代的證明。

　　「國之大事，在祀與戎[2]」，對於中國先秦中原各國而言，最大的事情莫過於祭祀和對外戰爭。作為代表當時最先進的金屬治煉、鑄造技術的青銅，也主要用在祭祀禮儀和戰爭上。夏、商、周三代所發現的青銅器，其功能均為禮儀用具和武器以及圍繞二者的附屬用具，這一點與世界各國青銅器有區別，形成了具有中國傳統特色的青銅器文化體系。

　　中國青銅器文化的發展劃分為三大階段，即形成期、鼎盛時期和轉變期。形成期是指龍山時代，距今 4500～4000 年，相當於堯舜禹傳說時代；

---

[2] （晉）杜預、（宋）林堯叟註，《春秋左傳》卷十五〈魯成公上〉，明嘉靖間刻本。

鼎盛期即中國青銅器時代，時代包括夏、商、西周、春秋及戰國早期，延續時間約一千六百餘年，也就是中國傳統體系的青銅器文化時代，這個時期的青銅器主要分為禮樂器、兵器及雜器；轉變時期指戰國末期至秦漢時期，青銅器已逐步被鐵器取代，不僅數量上大減，而且也由原來禮樂兵器及使用在禮儀祭祀，戰爭活動等等重要場合變成日常用具，其相應的器別種類、構造特徵、裝飾藝術也發生了轉折性的變化。

青銅器在大體上約可分為食器、酒器、水器、兵器、樂器、雜器等，為貴族統治階級的用品。以往稱豪紳貴族之家為「鐘鳴鼎食之家」，其意便源於此。青銅器也被視為禮器，更是貴族乃至天子的傳家寶，尤以大鼎為最，它是統治者權力的象徵，也是國家的「重器」，所以必須極力保護。如果易主失掉，即表示國家政權被摧毀了，故後世常稱朝代之更迭為「鼎革」。春秋戰國時期，如果要消滅一個國家，一定要「毀其宗廟，遷其重器[3]」，而這就表示鼎革之義。

基於上述之因，當時的統治者非常重視這種象徵國家權力的重器。凡貴族或統治者遇有重要文件需要長期保存，或有重大事件需要永遠留作紀念，就鑄造一件青銅器，然後將所記錄之文件或事件以文字記載於該器血上，以便子子孫孫永遠保存。除了為曉諭全國認識國家法律而鑄造的刑鼎之外，也有為其他目的而鑄造的，如宜侯矢簋、大盂鼎、毛公鼎、散氏盤等。

由此可知，青銅器在開始時，並非只為記錄文字。以青銅器記錄文字，主要是隨著該器血所具之意義的變化逐漸形成的。也就是說，因為它是國家的象徵，所以用來記錄政府文件；因為它象徵貴族的權力，貴族們才用它來記載重要事件。由於青銅銘文具有書的作用，因此被視為初期書籍形態之一，而青銅器也隨之被視為書籍的製作材料。

---

[3] 《孟子》卷一〈梁惠王下〉，明崇禎庚辰(13年，1640)錫山秦氏刊本。

圖 20：鮮父鼎

資料來源：鮮父鼎，周無年月，墨拓本，全形，有銘。（國家圖書館藏
　　　　　品，金 0084）

第三節　石頭

　　人類文化中的石刻藝術，是由製造石器工具，所累積的技術經驗而發
展出來的。基本上石刻屬於撫觸藝術，石質的堅硬與耐久，是藝術家最富
挑戰性的材料，也是藝術家面對無常的人生，追求永恆性的一種寄託。

　　中國史前石刻從立體藝術的觀點來看，猶未形成一普遍的風格（有待更多的地下資料之出土），真正形成一時代風尚的是殷商（西元前 1668～1082）的石刻。殷商是中國青銅時代之盛期，石雕所需要的堅利的工具已無問題，故殷商石刻極為發達，硬玉與大理石皆是石雕的上好材料。有名的殷商石刻是大理石圓雕石虎和石梟，其特色是造型近人形，而外表填滿與此動物無關之花紋。西周至春秋戰國，大型的石刻出土甚少，藝術家的精力似乎都投資在青銅器與玉石禮器的製作上。在漢代豫章臺中有石鯨長三丈（三輔黃圖），昆明池中有石刻牽牛織女像，都是巨大的石刻。漢代的石刻藝術分平面與立體二種，平面石刻又有平刻和浮雕二種，它的學名叫做畫像石。自清季以來，漢武梁祠（山東祥嘉）的畫像石最為有名，現代四川也出土不少畫像石，大多以古代神話故事、忠臣孝子、英雄豪傑為題材，對中國文化統一與知識的普及貢獻甚大。

　　自東漢以後，佛教傳入中國，中國的石刻藝術便以佛像為主流，但中國的佛像和印度又有很大的差別。目前所知，中國石佛藝術自北魏（386～534）起，即已形成了中國的風格。北魏石佛一般都傾向瘦削，臉部沈靜自足，嘴角上翹，展現自足之微笑。同時六朝的石獸雕刻亦很發達，建築物前流行裝飾大石獸。隋代佛像傾向簡潔。唐代佛像極重寫實，菩薩像尤其華麗，身材健美兼有男女之優點。而唐代之石獸、石刻舞女亦極優美，為寫實性石刻之全盛時代。石窟寺自六朝以來不斷開鑿，最有名的如山西大同之雲岡石窟、龍門石窟、響堂山石窟、麥積山石窟，四川的大足石窟等。宋代的佛像呈現舒適閒散的風格，但造型高雅和宋代的沈靜的青瓷，以及學術上的理學思想，皆可聯繫在一起。此種高雅精緻的風格，至元代以後大衰，明、清石刻工匠氣太重，遠不如宋以前之水準。

　　在石頭上寫、刻文字是上古人類的一種風氣。世界上許多民族都有在石頭上刻字的習慣，我國也不例外。雖然早期人們已經在石頭上刻寫文字，但只能說他們把石頭當作一種刻寫的材料，卻不能視為書籍的製作材料。

據馮雲鵬《金石索》曰：「就其山而鑿之，曰摩崖⁴。」前輩先賢對摩崖石刻的論述，有兩種看法，一種認為專指石刻文字；一種認為包括石刻文字和造像。

古時之人刻石，刻在山巖上的文字稱為「摩崖」，刻在矗立的長方體石頭上之文字叫做「碑」，若為圓頭則叫「碣」：這些文字和甲骨及青銅器上的文字一樣，也是以紀念性居多。但石刻比青銅器具有更多的優點，如石大而重、不易遺失或毀壞、載文的面積較廣、來源供給不虞匱乏等，所以自秦、漢之後，石刻就逐漸取代青銅器在記功、追遠等方面的用途。

如《史記・秦始皇本紀》：「作瑯邪臺，立石刻，頌秦德，明得意⁵。」宋黃庭堅《書磨崖碑後》：「平生半世看墨本，摩挲石刻鬢成絲⁶。」金元好問《濟南雜詩》之五：「石刻燒殘讖集辭，雄樓杰觀想當時⁷。」清王士禎《池北偶談・談藝四・讀書臺》：「濟南近有人耕田間，掘得讀書臺三字石刻⁸。」

人們有意識地把石頭製作成片狀或鼓狀，然後在上面書寫或錯刻文字，可能起源很早。如前述傳為周平王時秦國所製的石鼓，不但石頭的形狀是有意識打造的，就連石鼓上的四言長詩也是有意識地鑄刻上去的。而春秋晚期的「侯馬盟書」，雖然只是盟誓的記錄，卻是有意識地將玉、石打製成片狀之後書寫的。這種寫、刻在石頭上的文字記錄，在其製作材料上已經是有目的選用和預製而成的。

墨拓本因石頭易於保存，不易損毀，故正規書籍出現後，仍有石經之類，其流風不斷。事實上，自從西元二世紀以來，儒、釋、道三家皆以石刻作為永久保存經典之用，並以此作為定本。真正把石頭當作書籍製作材

4　(清) 馮雲鵬輯，《金石索》，清光緒十九年(1893)上海積山書局石印本。

5　(漢) 司馬遷撰，《史記・秦始皇本紀六》，明嘉靖丁亥(六年，1527)震澤王延喆覆宋刊本。

6　繆鉞等編，《宋詩鑑賞辭典》，上海：上海辭書出版社，1987.12（2012.7 重印：第 576-579 頁）

7　(金)元好問撰，《遺山先生詩集》卷十七〈濟南雜詩〉，明弘治戊午(十一年，1498)河南巡按李瀚刊本。

8　(清)王士禎撰，《池北偶談》卷十四・談藝四・讀書臺，清康熙 30 年(1691) 刻本。

料之典型範例的，始於東漢政府刻的〈熹平石經〉，後世依此為例，仍有
不少的石經完成，如三國魏刻有〈正始石經〉、唐朝刻有〈開成石經〉、
五代刻有〈西蜀石經〉，直到清朝還刻過十三經，並立於當時的國子監。
這些石經是正規書籍，而石頭也可算是正規書籍的製作材料之一。

圖 21：石經

資料來源：太上玄元皇帝道德經注 (唐)蘇靈芝書，唐開元二十六年(738)
十月刻。（國家圖書館藏品，金 0824）

圖 22：熹平殘石

資料來源：《熹平殘石》，漢熹平年間(172-177)刻，墨拓本，翁方綱題
記。（國家圖書館藏品，金 0774）

第四節 簡牘、縑帛

　　鑑於甲骨的取得困難、青銅器造價昂貴、石頭又太笨重等原因，書籍
的製作材料遂慢慢地為簡牘、縑帛所取代。

　　簡牘，中國古代書寫用的竹簡和木片，為未編成冊之稱。實際是幾種
東西的總稱，指的是竹簡、木簡、竹牘和木牘。在紙發明以前，簡牘是中
國書籍的最主要形式，對後世書籍制度產生了深遠的影響。直到今日，有
關圖書的名詞術語、書寫格式及寫作方法，依然承襲了簡牘時期形成的傳
統。

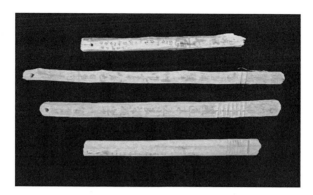

圖 23：木牘

圖 24：漢簡（國家圖書館藏品，漢簡第 5 盒）

　　古代書寫用的竹木片。亦泛指書寫用品。如《藝文類聚》卷五八引三
國吳謝承《後漢書》：「王充於宅內門戶墻柱，各置筆硯簡牘，見事而作，
著《論衡》八十五篇[9]。」晉杜預《春秋經傳集解‧序》：「諸侯亦各有國

---

[9]　（唐）歐陽詢撰，《藝文類聚》卷五八，明覆刻嘉靖丁亥(六年，1527)長洲陸采刊本。

史，大事書之於策，小事簡牘而已[10]。」唐黃滔《黃御史集》卷一〈魏侍
中諫獵賦〉：「文高而簡牘增煥，思苦而煙霞動色[11]。」

另指文書；書籍；書簡。如南朝梁蕭統《文選‧序》：「若斯之流，
又亦繁博，雖傳之簡牘，而事異篇章，今之所集，亦所不取[12]。」北齊顏
之推《顏氏家訓‧慕賢》：「及西臺陷歿，簡牘湮散，丁亦尋卒於揚州[13]。」
《舊唐書‧韋元甫傳》：「元甫精於簡牘，錫詳於訊覆[14]。」宋蘇轍〈蠶
麥〉詩：「為農良未易，為吏畏簡牘[15]。」魯迅《書信集‧致李秉中》：
「來信令我作書再催併介紹，今寫則寫矣，附上，但即令見面，恐其不得
要領，仍又與未見無異……況我又不善簡牘，不能作宛轉動聽之言哉[16]！」

王充《論衡‧量知篇》：「截竹為簡，破以為牒，以筆墨之跡乃成文
字，大者為經，小者為傳記。斷木為槧，析之為版，刀加刮削，乃成奏牘
[17]。」一般說，寫在竹片上的文字稱為簡，寫在木版上的文字叫做牘。但
現在習慣上將竹木上的文字都稱為簡，或統稱為簡牘。例如居延漢簡多為
木質，仍叫漢簡。

據文獻記載，從商朝開始已使用簡牘文書。《尚書‧多士》：「帷殷
先人有冊有典[18]」。東周以後普遍流行，一直延續到魏晉時期。東晉末年，
執政的桓玄在其詔令中說：「古無紙，故用簡……今諸用簡者，皆以黃紙
代之[19]」。據《淵鑒類涵》卷 205 統計，近現代考古發現的簡牘目前約有

[10] (晉)杜預撰，《春秋經傳集解‧序》，明萬曆間刊本。

[11] (唐)黃滔撰，《黃御史集》卷一〈魏侍中諫獵賦〉，清孔氏嶽雪樓鈔本。

[12] (南朝梁)蕭統撰，《文選‧序》，明新安吳勉學等校刊本。

[13] (北齊)顏之推撰，《顏氏家訓》第二卷〈慕賢〉，明末武林何氏刊本配補清刊本。

[14] (五代)劉昫撰，《舊唐書一百十五》‧列傳第六十五〈韋元甫〉，明嘉靖十七年閩人詮吳郡刊本。

[15] (宋)蘇轍撰，《欒城三集》卷二〈蠶麥〉，明東吳王執禮清夢軒刊本。

[16] 魯迅著，《魯迅書信集‧致李秉中》，北京：人民文學，1976。

[17] (漢)王充撰，《論衡卷十二‧量知》，明末武林何氏刊本配補清刊本。

[18] 《尚書》〈周書‧多士〉，明嘉靖丁亥(6年，1527)廬陵陳氏新安刊本。

[19] (唐)徐堅撰，《初學記》卷十一引《桓玄偽事》，明嘉靖辛卯(十年，1531)錫山安國桂坡館刊本。

40,000 件，時代最早的是隨州（今湖北省隨縣境內）戰國早期曾侯乙墓出土的竹簡，時代最晚的是新疆羅布泊樓蘭遺址、民豐尼雅遺址和吐魯番晉墓出土的晉簡。

　　竹簡、木牘在使用前都需要經過一定的處理程序。竹簡，顧名思義就是將竹製成簡。首先將竹裁截成一段段的圓筒，然後把竹筒劈成一條條的竹片。由於新鮮的竹子含有水分，容易生蠹蟲或腐爛，且表皮層不易著墨。所以竹簡在使用前，必須先用火烤，除去水分，並將表皮層的竹青刮掉，既能防蠹且便於書寫，這道手續就叫做「殺青」或「汗青」、「汗簡」。經過殺青處理後的竹片，才是真正可用的竹簡。木牘的製作程序似乎比較簡單，先把木材鋸成條片，再將所欲書寫的一面磨光，經過乾燥後即可使用。

　　簡牘的質材有竹、木、玉、草（蒲），其中玉簡因用途特殊而比較罕見，草本之蒲則因質軟而易壞，只有竹簡、木牘最普遍，應用也最廣。《中庸》謂：「文武之道，布在方策[20]。」其中「方」指木書，「策」則為竹書，可見我國古時很早就使用竹木作為書寫的材料了。現代以科學方法將出土竹簡的質材做個鑑定，發現其質材並非毛竹或慈竹，而是近似苦竹或短穗竹；木牘的質材則有杆兒松、雲杉、白楊、垂柳、紅柳……等等，似乎為就地取材，並無任何固定的材料。

　　每根簡牘所能容納的字數有限，但一部書卻非三五簡牘就能完成，所需之數量往往極大，如漢時東方朔寫一篇文章給漢武帝看，竟然用了三千多根簡牘。簡牘好存又好放；而竹木的生長又非常普遍，更是取之不盡，用之不竭。所以，簡牘被視為書籍的製作材料，決非偶然，而是一種必然的結果，否則怎能從春秋戰國以前沿用到東晉。簡牘的形制和種類主要有：

　　（一）簡。或稱札，是簡牘的最基本形式。一般長約 23 厘米，合漢尺 1 尺，用於官府文書、信件以及一般的書籍和重抄的詔令文件等。但抄寫經書和正式的詔令文本則用較長的簡，可達 67.5 厘米以上，合漢尺 3

---

[20] 《中庸》，明初刊本。

尺，此即《漢書》上所謂「三尺律令」。簡之容字一般為一簡一行，但是也有兩行簡。抄寫書籍多先用絲繩編聯成冊，然後書寫；官府文書往往是單簡書寫，然後編聯成冊。編繩道數則根據簡的長短而定，一般在 3 至 5 道。

（二）牘。是一種比兩行還寬的木簡；有的可寬至 6 厘米，已成書版。牘多用於書寫信件、契約、醫方、曆譜、過所（通行證）以及隨葬的遣冊等。

（三）觚。是一種多稜形的木棍，一般呈三角形或方形，也有多至 7 面的，長度在 30 至 80 厘米。觚主要用於抄寫檄書、小學字書或臨時記事起草之用，亦可練習寫字。

（四）檢。是傳遞文書信札和財物時所用的封檢。大體有兩種：一種是兩行式的寬檢題署收件者的名稱和傳遞方式；另一種是傳遞機密文書信件和財物時所用的加封泥蓋印章的封檢。機密書信用上下兩片木版作成，下片稱函，用以書寫具體內容；上片稱檢，封蓋函牘。

（五）楬。是一種短而寬的木牌。多繫於簿冊或器物之上，題寫名稱，猶如標籤。

所謂簡牘檔案，主要是指簡和牘上的文字紀錄材料，其內容包括官方的各種文書檔案、私人信件、契約、各種書籍抄件、曆譜及遣冊等，具有很高的史料價值。如雲夢秦簡，反映了戰國晚期到秦始皇時期的政治、經濟、文化、法律、軍事等方面的情況，尤其保留了秦律的許多內容，為研究秦史、法制史提供了可信史料。居延漢簡絕大部分是漢代邊塞上的屯戍檔案，一小部分是書籍、曆譜和私人信件等，總數在 10,000 件以上，成為研究漢代歷史和西北邊疆史提供了史書以外的豐富原始資料。武威漢簡中的儀禮簡，是目前所見《儀禮》的最古寫本，在版本校勘上有較高的價值；其中的醫藥簡抄錄了當時的驗方 30 餘種，是研究漢代臨床醫學、藥物學和針灸學的重要資料。銀雀山漢簡共計 4,900 多件，其內容包括《孫子兵法》、《孫臏兵法》等先秦古籍及古佚書，對研究中國歷史、哲學、古代兵法、曆法、古文字學、簡冊制度和書法藝術等方面，都提供了可貴的資料。

　　隨著簡牘的大量發現及其研究的廣泛開展，對簡牘的研究已經成為與歷史學、考古學、檔案學等關係密切的簡牘學。

　　儘管簡牘較甲骨、青銅器、石頭方便，但遇到長篇大論時，所需之數量既多且重，不但占空間，搬動也麻煩。因此，在簡牘盛行的同時，一種更輕軟、更便利的東西被採用了，那就是縑帛。

圖 25：西漢《長沙馬王堆帛書·黃帝書》(局部)

　　絹類的絲織物。古代多用作賞賜酬謝之物，亦用作貨幣。如《周禮》〈天官冢宰·典絲〉載：「掌其藏與其出，以待興功之時[21]。」漢鄭玄註：「時者若溫煖宜縑帛，清涼宜文繡[22]。」《史記·滑稽列傳》：「數賜縑帛，擔揭而去[23]。」唐韓愈《謝許受韓弘物狀》：「韓弘榮於寵賜，遂寄縑帛與臣[24]。」作書寫用。如《後漢書·宦者傳·蔡倫》：「自古書契多

[21]　(漢) 鄭玄撰，《周禮》〈天官冢宰·典絲〉，清嘉慶間黃氏士禮居刊初印本。

[22]　(宋)王與之撰，《周禮訂義》卷十三，欽定文淵閣四庫全書本。

[23]　(漢) 司馬遷撰，《史記·滑稽列傳》，明嘉靖丁亥(六年，1527)震澤王延喆覆宋刊本。

[24]　(唐) 韓愈撰，《朱文公校昌黎先生文集》卷三十八〈謝許受韓弘物狀〉，明萬曆三十三年(1605)

編以竹簡，其用縑帛者謂之紙[25]。」宋趙彥衛《雲麓漫鈔》卷七：「故有刀筆鉛槧之說，秦漢末用縑帛[26]。」清周亮工《與胡元潤書》：「王荊公作字，未嘗輕用縑帛，獨於佛語用之[27]。」范文瀾、蔡美彪等《中國通史》第二編第三章第四節：「兩漢學校發達，經學又極煩瑣，士人錄寫大量經傳師說，竹簡重，縑帛貴，很自然的需要一種代用品，紙就在這個需要下產生了[28]。」

中國古代以絲織品為記錄知識載體的。一般稱為帛書，也有人稱為繒書；因其色白，故又稱之為素書。縑帛文獻約起源於春秋時代，盛行於兩漢，與簡牘以及其後的書寫載體並存了很長一段時期。縑帛柔軟輕便，幅面寬廣，宜於畫圖，這些都是簡牘所不具備的優點。但其價昂貴，普通人用不起，而且一經書寫，不便更改，一般只用為定本，所以縑帛始終未能取代簡牘作為記錄知識的主要載體。古代文獻中有關帛書的記載，也大都是與皇家、貴族藏書有關的。到晉代紙普遍使用後，縑帛雖仍在使用，但基本上是作為某些文書以及書法、繪畫的寫繪材料。

《墨子》一書中曾說：「書之於竹帛，鏤之於金石[29]。」《論語‧子張》也說：「子張書諸紳[30]。」紳就是絲織品，也就是縑帛。可見春秋戰國時，帛書已經流行於世。由於縑帛是一種輕軟平整且便於書寫的絲織品，不但可隨意折疊，亦可捲成束，一點兒都不占空間，攜帶、保存都很方便，翻閱也極為便利。因為縑帛具有這麼多的優點，貴族和富有者便以縑帛作為書寫材料，因而有帛書的出現。

新安朱崇沐刊本。

[25] (南北朝) 范曄撰，《後漢書》卷 68〈蔡倫〉，明嘉靖八至九年(1529-1530)南京國子監刊本。

[26] (宋)趙彥衛撰，《雲麓漫鈔》卷七，《諸子百家中國哲學書電子化計畫》。
https://ctext.org/wiki.pl?if=gb&chapter=384046

[27] (清)周亮工撰，《賴古堂集》卷之一十〈與胡元潤書〉，清康熙 14 年(1675)金陵范翰伯精刻刊本。

[28] 范文瀾、蔡美彪等著，《中國通史》，北京：人民出版社，2004.03。

[29] (周)墨翟撰，(周)墨翟舊題《墨子卷之十三、魯問第四十九》，明嘉靖癸丑(三十二年，1553)南昌唐氏刊本。

[30] 《論語卷之下‧子張第十九》明崇禎庚辰(13 年，1640)錫山秦氏刊本。

　　儘管縑帛具有如此的優越性，卻因價格昂貴及生產有限而防礙其發展。所以帛書興起後，不但沒有取代簡牘的地位，反而一同為紙所取代。

第五節　紙張

　　紙的發明是人類文化史上的一件大事，對人類文明與進步有著不可磨滅的貢獻。談到紙的發明時，過去一般人都是根據范曄所著《後漢書‧蔡倫傳》之說法，認為是東漢和帝元興元年（西元 105 年）由蔡倫發明的。該書謂：「自古書契多編以竹簡，其用縑帛者謂之紙。縑貴而簡重，並不便於人。倫乃造意用樹膚、麻頭及敝布、魚網以為紙。元興元年奏上之。帝善其能，自是天下莫不從用焉，故天下咸稱蔡侯紙[31]。」說的是東漢和帝元興元年蔡倫將自己用樹皮、麻頭、破麻布、破魚網等原料造出的紙張奉獻給皇帝，得到皇帝的讚賞並得以推廣，天下人都稱之為「蔡侯紙」。

　　有關「蔡倫造紙」的最早記載見於《東觀漢記》卷二十：「蔡倫字敬仲，桂陽人，為中常侍。有才學，盡忠重慎。每至休沐，輒閉門絕賓客，曝體田野，典作尚方。造意用樹皮及敝布魚網作紙。案一本作：倫典尚方作紙，用故麻名麻紙，木皮名穀紙，魚網名網紙。元興元年奏上之。帝善其能，自是莫不用，天下咸稱蔡侯紙[32]。」說明當時是因為「縑貴而簡重」不便書寫而嘗試製造「紙」，也因此東漢末年人劉熙的《釋名》中「釋書契十九」即說：「紙，砥也，謂平滑如砥石也。[33]」，可知平滑、利於書寫是紙的特性。再者，西漢元帝時期（公元前 48-33 年）史游所撰的《急就篇》（又稱《急就章》）解說眾物，其中無「紙」。與書寫有關的只包

---

[31]　（南北朝）范曄撰，《後漢書》七十八‧宦者列傳第六十八‧蔡倫傳，明嘉靖八至九年(1529-1530)南京國子監刊本

[32]　（漢）劉珍撰，《東觀漢記》傳十三，　中華書局「四部備要」據掃葉山房本校刊本。

[33]　（東漢）劉熙撰，《釋名》卷六，文淵閣四庫全書臺灣商務印書館影印本。

括「簡、札、檢、署、椠、牘、家[34]」。

由此得知，紙並非東漢時期的宦官蔡倫發明的，蔡倫只是在造紙技術上和原料使用上進行革新。他將用樹皮、麻頭、破布和魚網所造的紙獻給和帝，和帝十分讚賞他的才能，自此各地爭相仿製。蔡倫改善紙的原料，不但輕便易用，而且可以以低成本大量生產。因蔡倫在元初元年（公元 114 年）獲鄧太后封為龍亭侯，故民間把這種紙稱為「蔡侯紙」。

「蔡侯紙」替代了笨重的竹簡，便於統治者輕鬆地閱讀公文。雖然漢代已經造紙，但它仍是竹木簡、縑帛和紙張並用的時代，紙並未成為主流。然而，到了魏晉六朝，隨着造紙原料的進一步開發，紙的品質、產量和製作技術與工具也不斷改良，使紙張漸漸成為日常生活應用的主流。所以，兩晉六朝是紙張時代的開始。

到隋唐五代，雖然造紙原料仍以麻料為主，但其他原料的使用比魏晉有所進步。麻紙方面，除了用破麻布外，更首創用野生麻纖維造紙。皮紙在唐代的產量比魏晉六朝多，尤用於書畫和佛經抄寫。唐朝最有名的紙莫過於薛濤箋，因其製作者和產地而得名。薛濤箋的造紙原料為木芙蓉，唐代女詩人薛濤取宅旁浣花溪水製紙，呈紅色或粉紅色，加工成彩箋。因薛濤好作小詩，而小詩篇幅較短，故其形製短小別致。

紙張生產發展到宋代，舂搗及製漿工序以水力代替人力、巨型紙槽和抄紙器可以抄出巨幅紙張，宋徽宗的《千字文》傳世品就是沒有接縫的巨幅紙。宋元是皮紙與竹紙並行的時代，明清除了是竹紙的天下外，也是中國造紙術的集大成時代。皮紙在宋元明清時代是主要的書畫藝術文化用紙，而竹紙多用於大量印刷、刻本等。宋代最偉大的科技成就是畢昇發明活字版印刷，造紙和印刷的結合豐富了宋元明清的文化生活。宋代有一種循環再用的紙叫還魂紙，又稱為再生紙。還魂紙是古人為了降低生產成本，採用故紙回槽的方法，一般先將廢紙的墨迹、污迹洗去，然後摻入新紙漿中重新造的一種紙[35]。其實，早在蔡倫之前就已經有紙了。如 1957 年

---

[34] (西漢) 史游撰，《急就篇》卷三，文淵閣四庫全臺灣商務印書館影印本。

[35] (明)宋應星撰，《天工開物》殺青第十三卷造竹紙，民國十七年(1928)武進陶氏涉園石印本。

西安溝橋漢墓出土的文物中，就有西漢武帝時期（西元前 140～87 年）的古紙碎片，紙質粗糙，經由現代方法化驗，有說為麻類纖維所造。1978 年發現西漢宣帝時期（西元前 73～49 年）的古紙，亦為麻類纖維所造。1973 年在甘肅旱灘坡發現寫有隸書之東漢時代的古紙，同是麻類纖維所造，但質地較清橋紙精細。這些不但表明造紙術不斷進步，也證明了蔡倫不是紙的發明者，而是改進造紙原料及工藝的人。然而這項改革卻是非常重要的一環，因為自蔡倫改進造紙術後，不但造紙原料的成本降低，紙質亦相對提高。所以皇帝才會嘉獎他，然後才會天下通行。

明朝造紙術有五個主要的步驟。從圖 26 可知當時中國的造紙業已經相當成熟，每道工序的專家各司其職，並且已開發出一些造紙專用的設備。

斬竹漂塘：砍下竹子置於水塘浸泡，使纖維充分吸水。可以再加上樹皮、麻頭和舊魚網等植物原料搗碎。

煮楻足火：把碎料煮爛，使纖維分散，直到煮成紙漿。圖中可見大鍋中的碎料用大石壓住，有助於完全煮爛。

蕩料入簾：待紙漿冷卻，再使用平板式的竹簾把紙漿撈起，過濾水分，成為紙膜。此一步驟要有純熟的技巧，才能撈出厚薄適中、分布均勻的紙膜。

覆簾壓紙：撈好的紙膜一張張疊好，用木板壓緊，上置重石，將水壓出。

透火焙乾：把壓到半乾的紙膜貼在爐火邊上烘乾，揭下即為成品[36]。

東漢末年建安時期，東萊人左伯再度改良造紙技術，使紙的功用又向前邁進一步，並使東萊一帶成為製造好紙的地方。而造紙術經過蔡倫和左伯不斷地改進後，到東晉時已能大量生產且品質也大為提高，使用亦相當普遍，由王羲之一次送給謝安九萬張紙即可得知。

雖然紙的使用早已非常廣泛，但普遍應用於書寫，應在蔡倫改進造紙術之後。《文房四譜・紙譜》謂：「晉令諸作紙，大紙一尺三分，長一尺

---

36 同註35。

八分，聽參作廣一尺四寸：小紙廣九寸五分，長一尺四寸[37]。」《穆天子傳》的序則謂：「謹以二尺黃紙寫上[38]。」可知以紙作為書籍製作材料大抵始於魏晉時期。

到東晉後期，桓玄帝下令廢除簡牘，於是紙就慢慢地取代簡牘和縑帛的地位，成為一般書寫的主要材料。到南北朝，唐以後更為盛行。造紙術最早東傳至朝鮮、日本，八世紀更開始陸續傳入非洲、歐洲和美洲。

---

[37] (宋)蘇易簡撰，《文房四譜》卷四紙譜三，舊鈔本。

[38] (晉)郭璞注，《穆天子傳》序，明萬曆間(1573-1620)新安吳氏校刊本。

斬竹漂塘
圖 26：紙的製造過程

煮槿足火
圖 26：紙的製造過程（續）

蕩料入簾
圖 26：紙的製造過程（續）

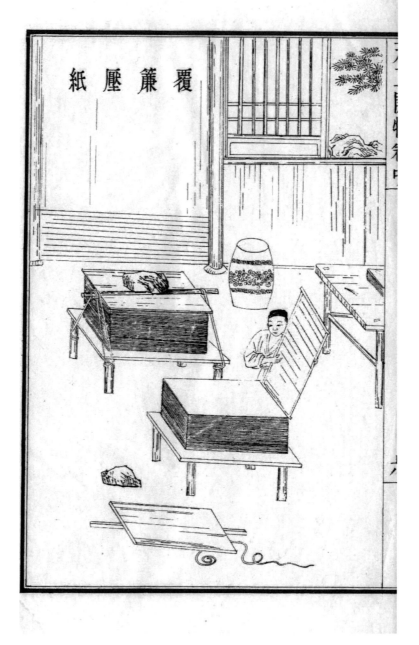

覆簾壓紙
圖 26：紙的製造過程（續）

透火焙乾
圖 26：紙的製造過程（續）
資料來源：《天工開物》(明)宋應星撰，民國十七年(1928)武進陶氏涉園
石印本。（國家圖書館藏品，16390）

第四章　古籍的印製

　　印刷術的發明係中國書籍發展史上的第二件大事，不僅製作書籍的方法邁入新紀元，同時書籍生產數量的大幅提高亦使書籍的流通活絡起來。印刷術係指將文字或圖畫製成印版，然後將印墨塗布於版面，經過加壓後將版面印墨移轉至承印物上面的方法。在印刷術的發展過程中，中國是先發明雕版印刷術，然後才發明活字印刷術。印刷術是一種以直接或間接的方式對原稿的圖文進行複製的技術。中國古代的印刷術可分為三種：雕版印刷、活字印刷及套色印刷。在這三種技術中尤以雕版印刷最早，使用最為廣泛。

表 3：傳統印刷工藝系統示意圖

印刷術			
雕版印刷		活字印刷	
單色雕版印刷	多色雕版印刷	金屬活字印刷	非金屬活字印刷
	刷塗套色 刷捺套印 刷版套印 分版套印 餖版印刷	錫活字印刷 銅活字印刷 鉛活字印刷	木活字印刷 泥活字印刷 活字泥版印刷 泰山磁版印刷

資料來源：張樹棟等著，《中華印刷通史》，修訂一版（臺北市：印刷傳播興才文　教基金會，2005 年）。

表 4：中國傳統印刷術發展脈絡一覽表

朝代			先秦 前 221 年以前	西漢 前 168 年以前	隋唐 581-907	遼代 907-1125	宋朝 960-1279	元朝 1206-1368	明朝 1368-1644	清朝 1644-1911
雕版印刷	單色雕印		戰國時期採用雕刻凸版在織物上印花		雕版印刷開始在書籍等領域推廣應用	->	->	->	->	->
	多色雕印	型版印花		西漢早期凸版套印和夾纈漏印印花	織物印刷中採用漏版加篩網印刷工藝	->	->	->	->	->
		刷塗套色				採用刷印後塗色工藝印刷佛畫多幅	->	->	採用刷印後敷色印刷年畫工藝	->
		刷捺套印					採用刷印加捺印工藝印製多色紙幣	元初北方金朝刷印綾幣「元光珍貨」		
		刷版套印						1340 年用版上刷多色套印《金剛經注》		
		分版套印							出現一版一色分版套印書籍和版畫技術	->
		餖版拱花							1626 年出現餖版拱花術套印	->

朝代			先秦前221年以前	西漢前168年以前	隋唐581-907	遼代907-1125	宋朝960-1279	元朝1206-1368	明朝1368-1644	清朝1644-1911
									多色彩畫	
活字印刷	非金屬活字印刷	泥活字					1041-1048年畢昇發明活字版印刷術。	元初楊古用改良泥活字版印刷書籍。	->	李瑤、翟金生泥活字版，呂撫活字泥版工藝
		木活字					1180年前西夏木活字版印本佛經今存	1298年王禎創制木活字和轉輪排字法	->	武英殿聚珍版木活字排版印刷工藝
		瓷活字								泰山磁版印刷工藝金屬活字印刷
	金屬活字印刷	錫活字					南宋出現錫活字版印刷，未能久行。		->	->
		銅活字					史載「宋刻有銅字刻本、活字本」，待考		明代銅活字印刷盛行，以江蘇最多	->
		鉛活字							明弘治末使用鉛活字印刷，始在常州	->

說明：

1.本表上欄為朝代(時間)順序，左欄為工藝類別。表中上欄與左欄交叉處為某種工藝技術的起始年代，起始後各代正常應用未列入。2.戰國、西漢、唐代的織物印花，金代印刷綾幣「元光珍貨」，其承印物雖是織物，但工藝技術與印刷紙幣相同，似應歸屬印刷，故列入表中；因有不同意見，故在此說明。3.清代泰山磁版究係活字版、還是整版，尚有 4.呂撫泥版因文獻記載甚詳，為活字泥版無疑。因其先製活字模，再用字模製作泥版，用泥印刷，故屬複製版，為世界上僅有的泥版複製版印刷工藝。5.清代武英殿聚珍版木活字版印刷係雕版與活字版套印工藝，並非單純的活字印刷。6.雕版印刷工藝類別中，型版印花為織物印刷中的凸版印花和漏版印花，屬織物印刷範疇。其他刷塗套色、刷捺套印、刷版套印、分版套印、餖版拱花等。

資料來源：

1. 張樹棟等著，《中華印刷通史》，修訂一版（臺北市：印刷傳播興才文教基金會，2005 年）。

2. 國家圖書館特藏組主編，《以古通今：書的歷史》(臺北市：國家圖書館，2011 年)。

圖 27：百萬塔陀羅尼經 (複製品)（原件藏於日本靜嘉堂文庫）。

第一節 雕版印刷

隋末唐初雕版印刷術發明的年代最早的雕版印刷品早已失傳，我們只能根據文獻的記載來推斷。這些文獻主要有：隋人費長房（577- 610）的《歷代三寶記》卷十二記載：「開皇十三年（594）十二月八日。隋皇帝佛弟子姓名敬白，屬周代禮常，侮蔑聖跡，塔宇毀廢，經像淪亡做民父母，思拯黎元。重視尊容，再崇神化。廢像遺經，悉令雕撰[1]。」明人陸深（1477-1544）在《河汾燕閑錄》中的《儼山外集》卷三說：「隋文帝開皇十三年十二月八日，敕廢像遺經，悉令雕撰。此印書之始，又在馮瀛王先矣[2]。」這裡所說的「雕撰」就是刻印佛像佛經。當然，對此也有不同的看法。

明胡應麟（1551-1602）在《少室山房筆叢》甲部中明確指出：「雕本肇自隋時，行于唐世，擴於五代，精于宋人[3]。」對雕版印刷術的發明、發展表述的更為具體。

印刷術的發明，最早可由古代印章及石碑上談起。東漢末年，石碑已成為重要的典籍紀錄，東漢靈帝時，著名書法家及文學家蔡邕將《春秋》、《尚書》、《周易》、《公羊傳》、《論語》、《魯詩》等刻於石碑，以供大家抄寫及摹拓，這就是歷史上著名的《熹平石經》。而為了節省抄寫時間及降低抄寫所產生的錯誤，便有人將石碑上之文章以拓印方式，複製於紙張上，而魏晉時期的碑石摹拓，可視為雕版印刷的先驅。

---

[1] (隋)費長房撰，《歷代三寶紀》卷十二，清順治八年(1651)嘉興楞嚴寺刊本。

[2] (明)陸深撰，《河汾燕閑錄上》、《儼山外集》卷三，明嘉靖乙巳(24 年)雲間陸氏家刊本。

[3] (明)胡應麟撰，《少室山房筆叢‧甲部》，明崇禎壬申(五年，1632)延陵吳國琦重刊本。

圖 28：熹平殘石

資料來源：〈熹平殘石〉，隸書，漢熹平二年（173）四月，山東曲阜，
墨拓本，翁方綱題記。（國家圖書館藏品，金 0774）

　　印章、摹揚與雕版印刷術的起源有相當密切的關係。其中，印章對於
雕版印刷術的起源更有直接的影響。雕版印刷的靈感來自於古代石碑刻
文、及印章使用上，因而如果將所需文字及圖形，利用雕工技術刻在紋質
細密、堅實的木板上刻出陽文反字，然後在於版面上刷上油墨，並在其上
覆上紙張，用乾淨的刷子輕輕地刷過，使印版上的文字及圖型清晰地轉印
到紙張上，於是，就某種意義而言，陽文印章可說是雕版印刷術所用印版
的縮影。

陳鱣藏書印

張燮藏書印

周星詒藏書印

吳騫藏書印

圖 29：善本藏書印章

資料來源：《善本藏書印章選粹》，國立中央圖書館特藏組編輯，（臺
北市：國立中央圖書館，1988 年 6 月初版）。

中國歷代主要雕版印刷文獻，唐代雕版印刷文獻傳世極少，今存年代
較早的有武后時代(7 世紀末 8 世紀初)刻《無垢淨光大陀羅尼經咒》，至
德二年(757)四川成都卞家刻梵文《陀羅尼經咒》，咸通九年(868) 刻《金
剛經》，乾符四年(877)和中和二年(882)四川成都樊賞家刻的兩本曆書等。
五代後唐長興間，由馮道等奏請在國子監雕印儒家經典《九經》，是官府

刻書的開始。繼而有後蜀母昭裔刻《文選》、《初學記》、《白氏六帖》，南唐刻《史通》、《玉台新詠》以及和凝的自刻文集等。現存五代雕版印刷文獻僅有敦煌出土的《唐韻》、《切韻》等幾種殘本。

宋代雕版印書日趨發達，官府、私家與書坊競起刊刻，刻書業幾乎遍及全國，尤以浙江、四川、福建最為繁榮，雕版印刷逐漸取代手寫而成為文獻製作(生產)的主要形式。兩宋官府刻書以國子監為主，曾刻印《十二經正義》、《十七史》，以及《資治通鑑》、《唐律疏義》、《說文解字》、《黃帝內經·素問》、《武經七書》、《算經十書》、《文選》、《文苑英華》、《冊府元龜》等重要典籍。其他如崇文院、秘書監及各省官府、儒學、書院皆有刊刻，僅地方誌就有數百種，今傳 20 餘種。北宋年間，官府還首次雕版印刷佛教全藏《開寶藏》和道教全藏《政和道藏》。宋代私家刻書亦已流行，現存著名的有南宋時廖瑩中世彩堂刻韓愈、柳宗元文集和黃善夫家塾刻《史記》。坊刻多為經史百家、唐宋名家詩文，如南宋時建陽余仁仲萬卷堂刻《春秋公羊經傳解詁》、臨安陳道人書籍鋪刻《周賀詩集》等，還刻印了不少民間日常所需的實用書和人民喜聞樂見的文藝書。由於宋版傳世不多，北宋刻本尤其稀少，是世人公認的珍貴文獻。

遼代刻書不多，傳世極少，據文獻記載有《契丹藏》和《龍龕手鏡》、《大蘇小集》，今只存《契丹藏》十二卷和《蒙求》。西夏國曾刻印《西夏詩集》等。現存西夏文雕版印刷文獻 30 餘種，人慶二年(1145)印漢文日曆、《三才雜字》殘頁。金代除國子監翻印北宋監本外，更多私刻、坊刻，山西平陽府平水一帶是刻書業集中之地，今存平水刻本如《蕭閑老人明秀集註》、《道德寶章》、《銅人腧穴針灸圖經》、《劉知遠諸宮調》等。最著名的金代雕版印刷文獻是在山西解州(今運城)刻印的佛藏《趙城藏》，有孤本傳世。

元代官私所刻可考者僅 300 餘種，其中有鄧州析城鄭氏家塾刻《重校三禮圖集註》、平水張存惠晦明軒刻《重修政和經史證類備用本草》、北京趙衍刻《李賀歌詩編》等。元中央政府機關如興文署、藝文監、國子監、太醫院等皆曾刻書，至元二十七年(1290)興文署刻《資治通鑑》一向被稱

為元官刻之最。但元官刻的重點在地方各路儒學和書院，如大德間九路儒
學刻《九史》、杭州路儒學刻《大元一統誌》、杭州西湖書院刻《文獻通
考》、鉛山廣信書院刻《稼軒長短句》等，皆素稱精善。元私家刻書不多，
今存若岳氏荊溪家塾刻《春秋經傳集解》、平水曹氏進德齋刻《中州集》、
吉安王常刻《王荊公詩箋註》等。書坊刻書以福建最多，今存者如余氏勤
有堂刻《國朝名臣事略》、劉氏日新堂刻虞集《伯生續詩集》、宗文堂刻
劉因《靜修先生文集》，又如杭州書坊刻雜劇戲文《關大王單刀赴會》、
《尉遲恭三奪槊》、《李太白貶夜郎》等。

　　國家圖書館所藏《此山先生詩集》十卷四冊，元周權撰、陳旅校選、
歐陽玄批點，元至正間刊本。權詩詞俱佳，元人中不可多得。此本約雕版
於元至正年間（1341-1367），本版寫刊亦精美。屬海內外僅存的孤本。並
於 102 年 6 月 10 日經行政院文化建設委員會正式公告指定為重要古物。

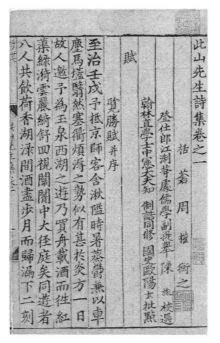

圖 30：《此山先生詩集》
資料來源：《此山先生詩集》(元)周權撰；陳旅校選；歐陽玄批點，元至
正間刊本。（國家圖書館藏品，10877）

　　明代雕版印書在數量上和品種上都超過了宋元兩代。官刻如南、北兩京國子監刻《十三經》、《二十一史》，禮部刻《五經四書大全》，欽天監刻《大統曆日》。內府刻書由司禮監經廠統管，內容多為經史讀本、性理之書。正統、萬曆間刻成的《道藏》、《續道藏》是道教全藏的唯一傳本。地方各省官司所刻不下數千種，僅方誌即有 1500 餘種，今存 800 餘種。明藩府刻書，或翻刻宋元舊版古籍，或輯刻藝術、科技書籍，有較高的文獻價值。如秦藩刻《史記》、唐藩刻《文選》、甯藩刻《太和正音譜》、鄭藩刻《樂律全書》、徽藩刻《金丹正理大全》等，都是官刻中的佳作。嘉靖、萬曆時期，北京、南京、蘇州、徽州、杭州、湖州等地刻書業盛極一時，傳本繁富，校刻精善的名家私刻本比比皆是，如袁絅嘉趣堂刻《世說新語》、王延刻《史記》、吳勉學刻《古今醫統正脈》、汪廷訥刻《翠環堂精訂五種曲》、葉盛刻《雲仙雜記》、洪楩刻《清平山堂話本》等，吳興閔氏、凌氏則以套色印本著稱於世。私家刻書以明末常熟毛晉汲古閣最多，如《十三經註疏》、《十七史》、《津逮秘書》、《六十種曲》等為其大者。明書坊刻書前期多經史讀本，後期更多戲曲、小說、醫書、類書等通俗讀物。較出名的有劉洪慎獨齋刻《山堂考索》、唐對溪富春堂刻《繡刻演劇十本》、容與堂刻《李卓吾先生評忠義水滸傳》、種德堂刻《八十一難經》等。

　　清代雕版印刷文獻存世最多。清前期官刻多在宮廷內府，武英殿掌刻實錄、聖訓、御制、欽定、典則、方略及經史、誌乘、字學、類纂諸書。如《聖祖御制詩文集》、《御纂性理精義》、《數理精蘊》、《佩文韻府》、《駢字類編》、《十三經註疏》、《二十四史》、《欽定蘭州紀略》、《高宗聖訓》等。康熙時內府外設揚州詩局，所刻《全唐詩》、《歷代詩餘》、《淵鑑類函》等，刻印俱極精妙。清後期官刻多在地方。同治時各省陸續設官書局，刻書甚多，較著名的有金陵書局刻《前四史》、《文選》，浙江書局刻《二十二子》、《九通》，廣雅書局刻《廣雅叢書》等。清代名家私刻既多且精，向為後世推重。以寫刻精緻、紙墨考究著稱的「精刻本」，有徐乾學刻《通誌堂經解》、朱尊刻《曝書亭集》、王士禎刻《漁

洋精華錄》、張士俊刻《澤存堂五種》。以校勘精審、摹影追古著稱的「精校本」，有阮元刻《皇清經解》、盧文弨刻《抱經堂叢書》、鮑廷博刻《知不足齋叢書》、黃丕烈刻《士禮居叢書》、黎庶昌刻《古逸叢書》、繆荃孫刻《雲自在龕叢書》等。清書坊遍布各地，尤以南、北兩京和蘇、揚兩州最繁盛，如蘇州席氏掃葉山房刻書數百種；乾隆版《大藏經》是世界上最大的雕印典籍。太平天國曾刻印《太平詔書》、《天朝田畝制度》、《資政新編》等文獻。

雕版印刷術為古代中國印刷術的主流。後來雖又發明了活字印刷術，但並未達到預期的經濟效益，且雕版所表現的中國書法之美，非活字所能及，所以雕版印刷在古代中國仍保有顯著地位。

雕版印刷所用的雕版通常由杜梨木、棗木、梓木、紅樺木等製成。有時也用蘋果、杏或其他木質相似的果樹。這些樹木之所以被選用，在於其質地合宜雕刻，且豐富易得。

一、雕版印刷工藝

將文字、圖像反刻於木板上。再在印版上刷墨，鋪上紙張，然後在紙張上給以適當的壓力，使印版上的圖文轉印到紙張上，揭起紙張後，就完成了一次印刷，這就是雕版印刷的基本原理。如果詳細介紹雕版印刷的工藝，即是：按一定的規格用薄紙寫版─校正─寫好的版稿反貼於木板─刻版─刷印─裝幀。其工序：

（1）寫樣。在抄寫樣稿的薄紙上畫好直格，每一直格內用虛線畫上一條中線，俗稱；花格。請善書之人用柳、顏、歐等書體在薄紙上抄寫出樣稿，抄寫好後，認真地校對一遍。錯訛之處用刀裁下來，另貼一片白紙，重新正確抄寫。

（2）上版。上版也稱上樣。通常的做法是：在表面打磨光滑的木板上刷一層稀漿糊，將樣稿有字的一面向下，用平口的棕毛刷把樣稿橫平豎直地刷貼到木板上。

（3）刻版。刻版前先用指尖蘸水少許，在樣稿背後輕搓，把紙背的纖維搓掉，使寫在樣稿上的字清晰的如同直接寫在木板上一樣，便可以鐫刻了。

（4）打空。用一種稱之為曲的特製工具，將版面上沒有墨線的部分鑿除掉。曲鑿，古時又稱剜；外形與木工使用的圓鑿相似，但刃口差別較大。打空時，左手握住曲鑿，使鑿口對準要剔除的部分，右手用木槌（在曲鑿的後部敲擊，使鑿口向前移動，剔除無需保留的部分。大麴鑿用於鑿除大面積的空白部分，小曲鑿用於修理精細的部位，還可以用來雕刻圓形的圈點。打空時應小心謹慎，不可用力過猛，更不能急於求成，若損壞已經刊刻好的字或線條，則前功盡棄。

（5）拉線。用刻刀將版面中分行的直線與四周的邊線刻出來即為拉線。為了保證線條平直，通常是用左手壓住界尺，右手持刻刀依著界尺進行刊刻。

（6）修版。對已經刊刻並打空的雕版，先用藍色刷印數張校樣，若校對出謬誤，則需將謬錯之處用平鑿鑿去，並向下鑿成凹槽，用一塊與鑿除部分相同大小的木板嵌入凹槽中，然後在嵌入的木板上刊刻出修正後的內容。

二、雕版的刷印

（1）固版。單色雕版印刷的印版通常不需固定在印刷臺上，有時為了防止雕版移動影響印刷操作，可用釘子沿雕版的四周釘在印刷臺上，也可用蜂蠟、松香等製成的粘版膠粘在印刷臺上。單色雕版印刷可用普通的方桌代替特製的印刷台，只要方桌堅實，在印刷中不致搖晃，就不會影響操作，也不會降低印刷品的品質。

（2）刷墨。正式刷墨之前，先在版面上刷兩遍清水，待雕版吸水濕潤後，再刷墨印刷。刷墨時先用小毛刷從大墨盆中蘸少許墨放在瓷盤內，再用棕把在瓷盤中打圈旋轉，使棕把著墨均勻，然後用棕把在雕版上按順

時針方向打圈，把墨汁均勻地刷在雕版上。刷墨的要求是全版墨色均勻，凹陷處不存積墨，否則印出的紙張將濃淡不勻、洇漶不清。

（3）覆紙。單色雕版印刷的紙張一般不需固定，覆紙時用兩手將紙端起平放在刷過印墨的版面上即可。

紙張通常使用紙面光滑、紙質均勻、吸墨適量的竹制太史連與毛邊紙，藤紙、皮紙、宣紙多用於印刷精美的作品。有些不合要求的紙，經拋光石加蠟研磨等處理後也可用於印刷。

（4）刷印。正式刷印前，還需再印數張清樣，經再次校對，確認無誤後方可大量刷印。如有謬誤，則更正後再行刷印。印刷時左手扶住紙張不使移動，右手持耙子在紙背刷印。刷印時用力要均勻，以保證雕版上每個字都能完整清晰地轉印到紙上。

（5）晾乾。擦印之後，將印紙從雕版上揭起，放在一旁晾乾。一塊雕版印完之後，換上另一塊雕版繼續重複上面的操作過程，直至全部雕版印刷完畢。

古代中國出版圖書多屬雕版印刷，版片實物的保存因而具有相當意義。如國家圖書館約在民國六十八年間曾得淡水廳志清同治十年（1871）雕版一片，正反兩面都刻字，係已故方豪教授購自板橋林家花園而轉贈國家圖書館。

故同春撫之縣彰化

六月八日甲辰同知徐夢麟進兵屯大甲

大甲溪兩山對峙南彰北淡中隔一溪迫近牛罵頭葫
蘆墩紅圳頭與大里杙脊齒相連時溪南皆賊惟千總
義良熺率兵二百餘人同義民共禦力疲糧匱各懷去

志夢麟招集義民倚溪扼險請參贊藍元枚發兵協守
元枚委守備滬圖以兵六百赴之鼎士亦領兵千八

百人同龍章會於大甲溪與夢麟及番兵數千結營溪
一曰復令工鑄大小礮二百餘位屢用攻賊賊多敗潰淡

北恃以無恐彰化縣志參

新修通志參

淡水廳志《卷十四 兵燹

冬十月六日庚子副將徐鼎士同知徐夢麟都司敬謀守
備潘圖村進兵勦賊

時官兵分為六路進勦至山頂遇賊賈勇迎殺獲賊及
軍械無算縣志

十日甲辰淡水慕賓同春勦賊被擄不屈死
歷被擄馬賊不屈賊支觧之彰化縣志

同春率義民勦賊駐鳥牛欄追殺賊眾抵三十張犁馬
十二日丙午淡水官兵義民攻大肚克之

先是淡北兵民出梥大甲守禦日久謀歸徐夢麟乃與
廣東右翼總鎮李　　謀分兵進攻李約以是日赴大

十六

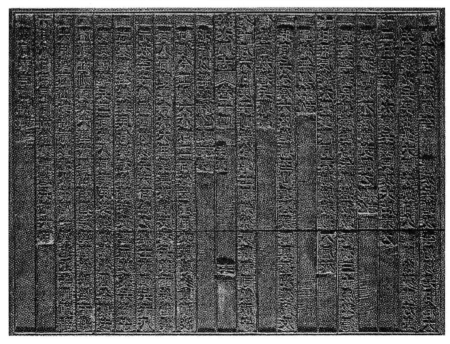

圖 31：淡水廳志書版(清同治十年（1871）雕版)國家圖書館藏品

第二節　活字印刷

　　雕版印刷術大量生產書籍的方法，雖然可以滿足人類追求知識的慾望，促進書籍的流通，可是隨著時代的發展，到了宋、元時期，封建經濟和文化高度發達，雕版印刷已滿足不了社會的需要。由於雕刻一版只能印一頁書，一部書必須雕刻許多版片，而且每片版上只要有一個字刻錯，整個版片就必須全部重刻。所以雕版印刷費工費時，十分麻煩。怎樣才能克服這一缺點，做到省時省力，於是，在追求大經濟效益的情形下，活字印刷術應運而生了。這是中國古代印書史上一次偉大的發明。活字印刷術就是按照版面要求，用活字排成所需要的版面進行印刷的工藝技術。只要有一套活字，便可刻印各種書籍，既經濟又方便，活字印刷將印書事業推向了新的高峰。

　　中國古代的活字，以製作材料不同，可以分為兩大類，第一是非金屬活字如泥、木、瓷所製成的活字；第二是金屬活字，如錫活字、銅活字、鉛活字等。據文獻記載，畢昇首先採用膠泥製成一個個的單字，再用火燒堅硬後成為活字，用這批活字試製印刷書籍獲得了成功。此後，西夏政權採用泥活字印刷佛經，並有實物流傳至今；元代時有人繼續用此方法印刷泥活字本，可惜沒有實物留傳，元時期的泥活字印刷書籍，已無從查考了；清代時，李瑤和翟金生兩人分別採用畢昇方法自製泥活字印書獲得成功而且已留傳至今。因此，泥活字、木活字、銅活字和其他金屬活字的相繼問世，大大促進了圖書出版業的繁榮和科學文化的傳播。

圖32：泥活字（國家圖書館藏品）

圖33：木活字（國家圖書館藏品）

圖34：銅活字（國家圖書館藏品）

一、泥活字印刷

　　北宋布衣畢昇是世界上最早發明泥活字印刷的人，宋代科學家沈括對畢昇所發明的泥活字印書方法有著較詳細的記載。他在《夢溪筆談》卷十八〈技藝一〉記載：

> 　　慶曆中，有布衣畢昇，又為活板。其法用膠泥刻字，薄如錢唇，每字為一印，火燒令堅。先設一鐵板，其上以松脂臘和紙灰之類冒之，欲印則以一鐵範置鐵板上，乃密佈字印，滿鐵範為一板，持就火煬之，藥稍鎔，則以一平板按其面，則字平如砥。若止印三二本，未為簡易；若印數十百千本，則極為神速。常作二鐵板，一板印刷，一板已自布字，此印者纔畢，則第二板已具。更互用之，瞬息可就[4]。

　　從以上文字可以看出沈括將畢昇發明活字印刷的製作工藝和印製過程非常清楚地記載下來，這也是印刷術發明後第一篇用文字詳細記錄活字印刷技術的重要史料。

　　據沈氏所記，使我們了解到它的製造和使用的程序：(一)用膠泥刻字，應是澄漿泥，質地細而堅，再在火中燒硬。(二)按韻排列，存放在格子裡。(三)用時依韻撿字排版，以松脂蠟等藥物凝固、固定。(四)施墨印刷，一版印完，將版在火上烘烤，藥物熔化，手觸即落，而且不會沾污。

　　畢昇的方法較之現代活字印刷術雖然很原始，但它具備了製造活字、排版和印刷這三個活字印刷術的主要步驟，是一種完全的發明，比德國人谷登堡發明拉丁文活字印刷術要早 400 年。除《夢溪筆談》記載外，其他歷史文獻都沒有提到畢昇發明泥活字的這件事，因此，對他的生平詳情無法進一步考察。

---

[4]　(宋)《夢溪筆談》卷十八〈技藝一〉，明崇禎四年(1631)嘉定馬元調刊本。

　　這種泥活字印書方法，在宋、元兩代已被掌握應用。宋光宗紹熙四年(1193)當時的益國公周必大於潭州(今湖南長沙)仿畢昇發明的泥活字印法，製造了膠泥活字銅版，排印了自著的《玉堂雜記》，贈送友人。此事在《文忠集》卷一百九十八周必大給朋友程元成的信中有所記載：「近用沈存中法，以膠泥銅板移換摹印，今日偶成玉堂雜記二十八[5]。」 這是迄今所知世界上最早的泥活字印本。可見畢昇發明的活字印刷，南宋時已經流傳，並在流傳中不斷得以改進。元代初期，世祖忽必烈的謀士姚樞，教學生楊古按照沈括所記的畢昇泥活字印法，刊印了朱熹的《小學》、《近思錄》和呂祖謙的《東萊經史論說》諸書作為教本，散佈四方。只可惜這些書籍仍舊沒有流傳下來。

　　清道光十二年(1832)，蘇州人李瑤在寄居杭州時，也採用了畢昇的膠泥活字印法，先後排印了清溫睿臨《南疆繹史勘本》和《校補金石例四種》。在前書封面背後印有「七寶轉輪藏定本，仿宋膠泥板印法」字樣。並在該書的凡例中有「是書從畢昇活字例排版造成[6]」的話，說明它是泥活字版所印。

　　《南疆繹史勘本》三十卷(紀略六卷，列傳二十四卷)，誌考八卷，摭遺十卷(後印本為十八卷)，線裝。半葉 9 行，行 20 字，註文小字雙行，字數同，左右雙欄，版心黑口、單魚尾。此書係清道光十年(1830)七寶轉輪藏仿宋膠泥活字本。全書用大、中、小三種字體，卷首聖諭、御製書事、御製詩並序，使用大號字，正文和序文題記等是中號字，作注用小號字，整部活字排布規整，字體清晰、行款均勻，刷印清潤反映當時泥活字技術已相當成熟。在引用書目後記中敘述了製字排印成書的經過。略云[7]：

---

[5]　(宋) 周必大撰，《文忠集》卷一百九十八〈程元成給事紹熙四年〉，欽定四庫全書本。
　　https://ctext.org/library.pl?if=gb&file=6957&page=79

[6]　(清)溫睿臨撰，《南疆繹史勘本》，清道光十年(1830)七寶轉輪藏仿宋膠泥活字本。

[7]　同註 6。

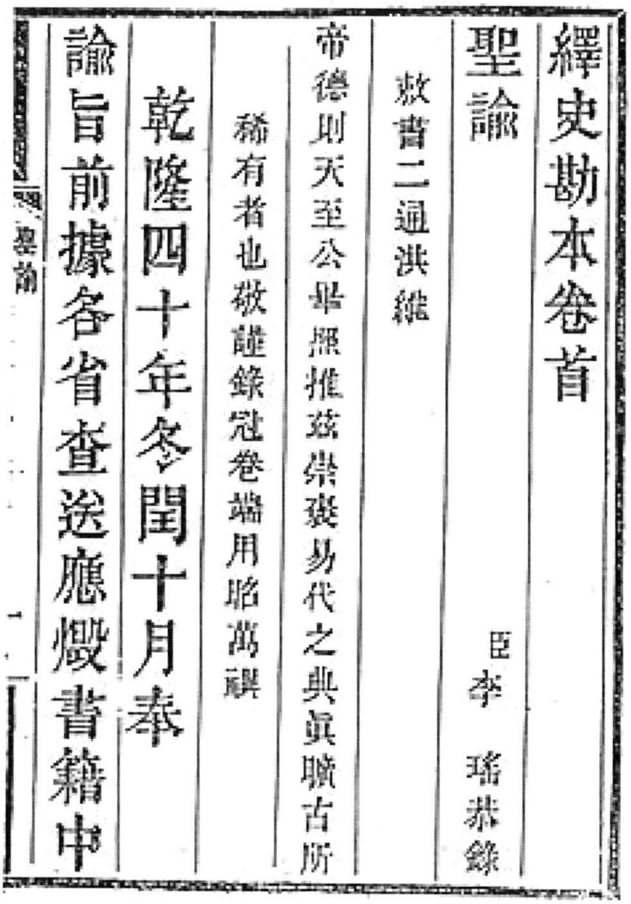

圖 35：李瑤用泥活字印刷的《南疆繹史勘本》

　　又續見諸書紀傳中，隨手增益，雖經排版印成，亦多按事翻改，贅識之。……苕溪坊友吳昌壽助我貨泉初事於梓者，東鄉九品官周劍堂，既而我子辛生來自蕪湖，命之校字。楮本不足，則罄我行裝，投諸質庫，又不足則乞貸市儈，耐盡誹嘲，自夏歷秋，工徒百餘，指不啻江上防兵，岌岌俗潰，獨守我心，彬而復振。先嘗馳書吳門幕中舊雨，翻以危言相恐，間詣釐政同事諸朋，甚至敂關弗納。竭智盡力，書乃有成。成之時，幸富陽周觀察蓋皋，錢塘令同里石氏敦夫，各以白金一流為助，更得蕭山蔡封翁松町偕其妷篷椽孝廉轉

貨相資，而西興楊子渭東復擔米負薪來襄，厥事庶幾塔頂滿光，不
日成之矣。不才必以坎壈之狀歷贅於斯者，將以見成此一書之匪易
易。藉可示我後人賣文為活之難乎其難也。是書初印凡八十部，已
靡用平泉三十萬有奇，彼一江上下，十年前後之奉觴為壽，折簡為
盟及誼稱世執者，或譖之弗膺，或望之則走，皆眎若冰炭也噫！已丑
秋仲吳山觀潮之後二日，七寶轉輪藏主人子玉氏並記。

　　清道光十二年(1832)李瑤用泥活字排印了自著《校補金石例四種》。
在自序中詳細敘述了該書的編輯、校補、製字、排印過程。序文說[8]：

　　濟南潘氏《金石例》十卷，當元之世，版已三鋟，繩來操觚家
之奉為矜式也，審矣。明初王氏推廣其意，別著《墓銘舉例》四卷，
發明表裡，以津逮後學。世僅傳鈔，名幾泯闕，此也是翁，《敏求
記》中之所以費詳也。迨後四百年來始有金匱王秉城者為之讎校，
合姚江黃氏《要例》一卷刻之，遂名之《金石三例》也。聿自《三
例》出，而金石文字之道尊；金石文字之道尊，而具見吾人立言傳
信之非易易為也。昔吾李氏飛之之言曰：古人之為文唯其是，今之
為文唯其工，所求乎是者，規矩準則之不容稍懈也。此書原刻精當，
而微嫌夾註叢列，坊本則魚豕之病雜陳矣。余乃慨然思廣其傳，即
以自治膠泥板統作平字捭之，且以近見吳江郭氏祥伯之《金石例補》
補之。夫列之並刃蒼厓也，引而伸之者有止仲，繜其所闕者為梨洲；
至臚晰而賅備者，則近惟祥伯，是潘氏之學益有以昌之也。因別署
其編曰：《校補金石例四種》，都十七卷。庶使操觚家之有志於古
者，如獲指南車焉。道光十有二年冬嘉平既望，吳郡李瑤子玉氏序
於杭州吉羊裡寓樓。

8　(清)李瑤撰，《校補金石例四種》，清道光十二年(1832)七寶轉輪藏仿宋膠泥活字本。

　　由此序文署款推知該書印刷地點可能是在杭州一帶書中也題有「本寶轉輪藏定本，仿宋膠泥版法」長方篆文牌記。正文半葉九行，行二十字，左右雙邊，上下墨口，單魚尾。這兩本書印製十分精良，中華民國國家圖書館有藏《南疆繹史勘本》，中國大陸北京國家圖書館有藏《南疆繹史勘本》和《校補金石例四種》，這是宋代泥活字印書法迄今留下的最早印本。

　　與李瑤同時有安徽翟金生，以三十年的心力用畢昇遺法自製泥活字印書，也獲得成功。《泥版試印初編》為清代翟金生以畢昇方法印成自著詩文集的泥活字印本。翟金生字西園，生卒年不詳，安徽涇縣人，能詩善畫，以教書為生。據該書包世臣序：「（翟金生）讀沈氏筆談見泥印活版之法而好之，因搏土造鍛[9]。」翟金生以 30 年心力，同他的兒子、孫子等多人，自造泥活字 100,000 個，分大、中、小、次小，最小 5 號，皆為宋體，筆畫精勻。於道光 24 年(1844)排印成《泥版試印初編》。翟氏自稱這種泥活字版為泥鬥板、澄泥板、泥聚珍板。道光二十六年(1846)翟氏又印成黃爵滋的《仙屏書屋初集》。咸豐七年(1857)翟氏又翻印明代翟氏宗族家譜，名為《水東翟氏宗譜》，封面上題有「泥聚珍版重印」字樣。《泥版試印初編》是現存最早的泥活字印本。翟氏所印三書，現均藏於北京圖書館。

　　書中有五言絕句四首，分別描述了他研製泥活字的過程：(一)自刊：一生籌活版，半世作雕蟲；珠玉千箱積，經營川載功。(二)自檢：不待文成就，先將字備齊；正如兵養足，用武一時提。(三)自著：舊喻多散佚，新作少敲推；為試澄泥版，重尋故紙堆。(四)自編：明知終覆甕，此日且編成；自笑無他技，區區過一生[10]。

　　李瑤和翟金生兩家泥活字印本的出現，證實了沈氏《夢溪筆談》所記畢昇泥活字印書是完全可信的，並使其製作方法流傳不泯。

9 　(清)翟金生撰，《泥版試印初編》，清道光二十四年（1844）翟金生泥活字印本。
10 　同註 9。

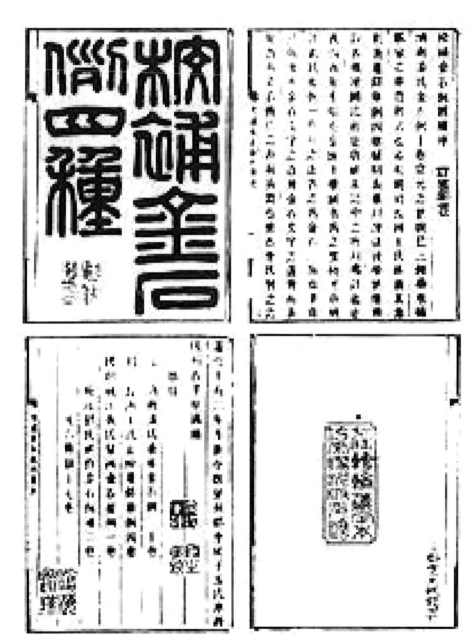

圖 36：李瑤泥活字印本《校補金石例四種》

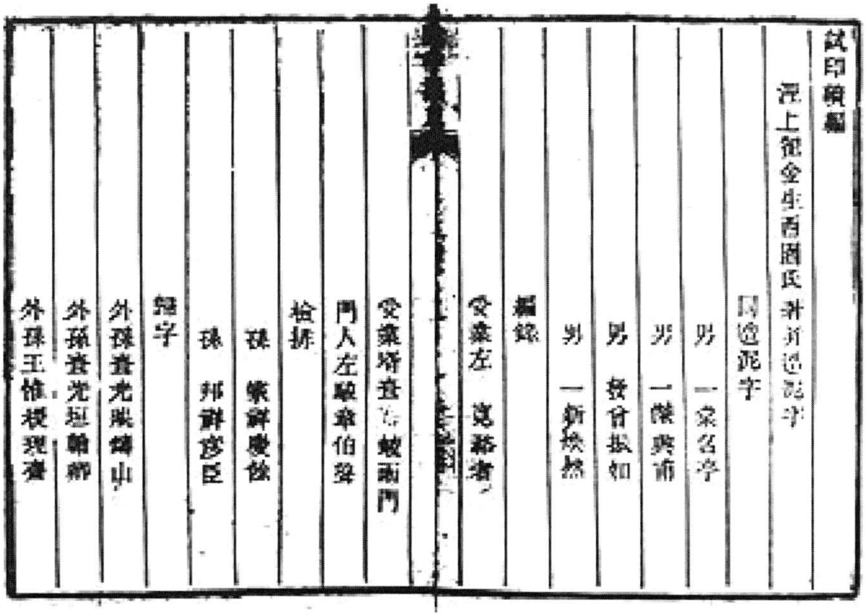

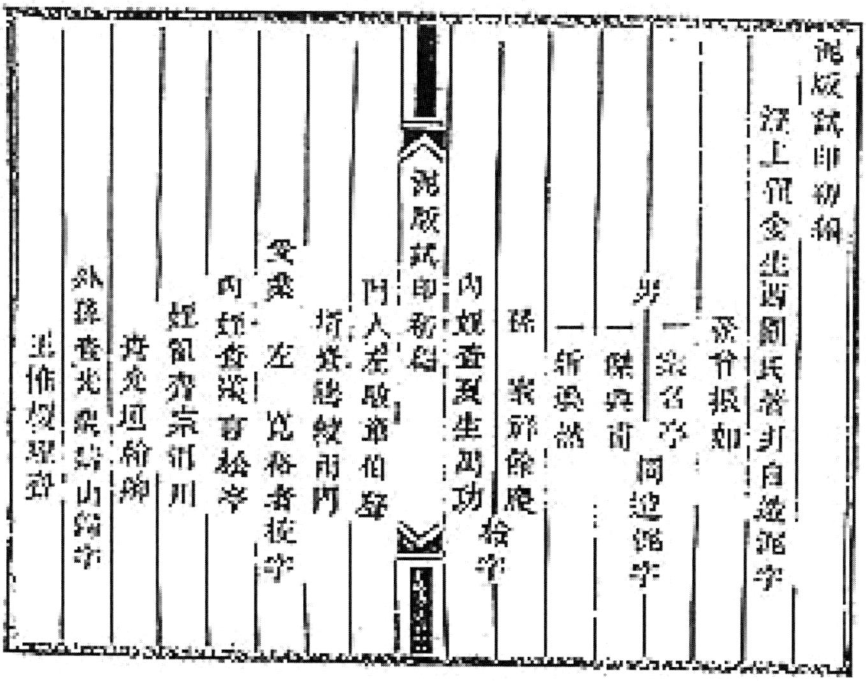

圖 37：翟金生用泥活字印刷的《泥版試印初編》及《泥版試印續編》

二、木活字印刷

在中國傳統的活字印刷工藝中，木活字印刷較之泥活字和銅、錫、鉛等金屬活字，在製作上是較為簡便、容易的一種活字印刷。木活字印刷，最早是宋代的畢昇試製過。沈括在《夢溪筆談》中也曾有過記載：「不以木為之者，文理有疏密，沾水則高下不平；兼與藥相粘，不可取[11]。」說明畢昇亦製造過木活字而沒有成功。但此法後人必持續研究，且很快用於書籍印刷。

元朝初期，安徽旌德縣尹王禎從元貞元年至大德四年將木活字印刷試驗成功。王禎，字伯善，山東東平人。元初，曾於安徽旌德和江西永豐任職。他非常注重發展農業生產，提倡種植桑、棉，親自參加工具的改革。王禎不僅是位傑出的農學家，還是一位元機械製造設計家。他在農業科學上的成就集中體現在他寫的《農書》裡，此書寫就以後，因字數過多，難以雕板印刷，而他又嫌畢昇的膠泥活字難以用墨，且易損壞，不能久行。便自己動手創造了三萬多個木活字，準備印製他的《農書》。但是後來在他調任江西永豐時，那裡的人已用雕板方法將《農書》印了出來。王禎發明有木活字代替泥活字，即將一個個單字分別刻在一塊塊同樣大小的小長方木上。印書時，把需用的木活字排成行，行間夾以竹片，再用木楔卡緊，便可施墨印刷。印完後將版拆開，揀出木活字，以備再用。為了揀字方便，他還發明了輪轉排字盤，把木活字分類排成兩個字盤：把木活字按音韻的順序排列在可以自由轉圈的輪盤上，把一般的雜字排在另一個同樣的輪盤上。揀字排版時，人坐在兩輪盤之間，轉動左右兩輪盤，就可以很快揀出所需的字，大大提高了排字速度。王禎用此法首先於武宗至大四年(1311)用這份活字印刷了試印他所編纂的《旌德縣志》，而此書卻在明萬曆時全部失傳，值得慶幸的是王禎總結這次試印的經驗而寫的《造活字印書法》留存下來，流傳歷代，這是一份古代印刷史上的珍貴文獻。此後木活字印

刷術就逐漸傳播開來，直至清朝，木活字印刷本已非常普遍。從崇禎十一年(1638)起，在北京發行的邸報也改用木活字印刷，這是我國、也是世界上用活字印刷報紙的濫觴。《造活字印書法》[12]的原文略述如下：

　　……古時書皆寫本。學者艱於傳錄。故人以藏書為貴。五代唐明宗長興二年。宰相馮道、李愚、請令判國子監田敏、校正九經刻板印賣、朝廷從之。鋟梓之法。其本於此。因是天下書籍遂廣。然而板木工匠所費甚多。至有一書字板。功力不及。數載難成。雖有可傳之書。人皆憚其工費。不能印造傳播。後世有人別生巧技。以錢為印盔界行。用稀瀝青澆滿冷定。取平火上。再行烔化。以燒熟瓦字。排於行內。作活字印板。為其不便。又以泥為盔界行。內用薄泥。將燒熟瓦字排之。再入窯內燒為一段。亦可為活字板印之。近世又鑄錫作字。以鐵條貫之作行。嵌于盔內界行印書。但上項字樣。難於使墨。率多印壞。所以不能久行。今又有巧便之法。造板墨作印盔。削竹片為行。雕板木為字。用小細鋸鎪開。各行一字。用小刀四面修之。以試大小高低一同。然後排字作行。削成竹片夾之。盔字既滿。用木楯楯(先結切)之使堅牢。字皆不動然後用墨刷印之。

　　寫韻刻字法。先照監韻內可用字數。分為上下平上去入五聲。各分韻頭。校勘字樣。抄寫完備。作書人取活字樣。製大小寫出各門字樣。糊於板上。命工刊刻。稍留界路。以憑鋸截。又有語助詞之乎者也字及數目字。並尋常可用字樣。各分為一門。多刻字數。約三萬餘字。寫畢。一如前法。

　　造輪法。用輕木造為大輪。其輪盤徑可七尺。輪軸高可三尺許。用大木砧鑿竅。上作橫架。中貫輪軸。下有鑽臼立轉輪盤。以圓竹笆舖之。上置活字。板面各依號數。上下相次舖擺。凡置輪兩面。

---

[12] (元)王禎撰，《農書》〈農器圖譜集之二十〉，明嘉靖九年(1530)山東布政司刊本。

一輪置監韻板面。一輪置雜字板面。一人中坐。左右俱可推翻摘字。
蓋以人尋字則難。以字就人則易。以此轉輪之法。不勞力而坐致字
數。取訖。又可鋪還韻內。兩得便也。

據此可知，造木活字印書的基本步驟是：(一)按韻寫字後貼到木版上，
刻好；(二)用細齒小鋸將版上的字鋸成單個字；(三)將單字修理整齊，使之
高低大小一致；(四)造輪盤貯字；(五)撿字排版；(六)印刷。

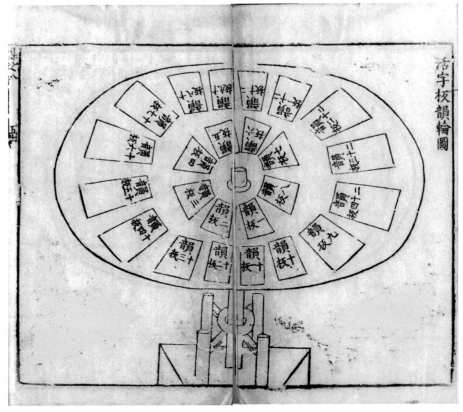

圖 38：王禎發明的轉輪排字盤

資料來源：《農書》〈農器圖譜集之二十〉(元)王禎撰，明嘉靖九年(1530)
山東布政司刊本。（國家圖書館藏品，05843）

畢昇發明的活字印刷，歷經宋、西夏、元等數朝長達三百多年的應用
與發展，也隨著社會經濟與文化的發展，明代木活字印書較之元代為多，

有書名可考者約百餘種，尤其是萬曆年間，印本更多。明胡應麟以為「今世欲急於印行者，有活字；然自宋已兆端……，今無以藥泥為之者，唯用木稱活字云[13]」。清代魏崧說：「活板始於宋……明則用木刻[14]。」龔顯曾云：「明人用木活字板刷書，風乃大盛[15]」。明代木活字流行的範圍，除南京、四川等處外，又有杭州、福州，以至邊遠地區的雲南，而以蘇州一帶較盛。其時所印書內容較廣泛，有經學、歷史、哲學、小說、文學、藝術等，而以詩文集為最。可見，木活字印刷到了明代，已是風靡於世，為清代木活字印刷地進一步發展、普及奠定了良好的基礎。

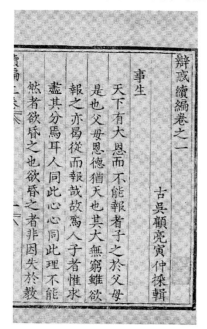

圖 39：木活字《辯惑續編》

資料來源：《辯惑續編》(明)顧亮撰，明萬曆二年(1574)益藩木活字本。
（國家圖書館藏品，05619）。

---

[13] (明) 胡應麟撰，《少室山房筆叢》〈經籍會通四〉，明崇禎壬申(五年，1632)延陵吳國琦重刊本。

[14] (清) 魏崧撰，《壹是紀始》〈文史類卷九活版〉，清光緒十四年(1888)甬北寄廬刊本。

[15] (清) 龔顯曾撰，《亦園脞牘》卷一〈活字板〉，清光緒四年誦芬堂藏本。

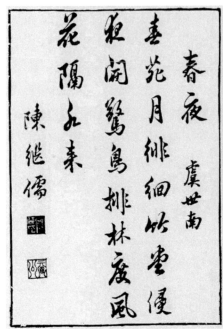

圖 40：木刻版畫畫譜《五言唐詩畫譜》

資料來源：《五言唐詩畫譜》(明)黃鳳池編，明萬曆至天啟間（1573-1627）
清繪齋集雅齋合刊本。（國家圖書館藏品，06716）

　　清代的木活字較之明代更為盛行，乾隆三十八年(1736)，金簡奏請乾隆帝用木活字排版印刷。他基本上沿用元人王禎的活字印書法，但改其轉輪排字架為格櫥排字架，共刻印了棗木活字大、小兩副，共計二十五萬多個活字以及整套排版工具。乾隆又因活字之名不雅馴，改為聚珍[16]。清內府在武英殿先後用這副木活字排印了 130 多種書籍，世稱《武英殿聚珍版叢書》，直到嘉慶初年才告一段落。

　　金簡還將排印的工藝編寫成《欽定武英殿聚珍版程式》，書前面冠有「御製題武英殿聚珍版十韻」，從成造木字、刻字、字櫃、槽板、夾條、頂木、中心木、類盤、套格、擺書、墊版、校對、刷印、歸類、逐日輪轉

---

[16] (清) 金簡撰，《欽定武英殿聚珍版程式》「御製題武英殿聚珍版十韻」，清乾隆間浙江重刻《武英殿聚珍版書》本。

辦法，分別條款，繪圖立說[17]。詳細說明木活字的製造及印書的方法和程序，也是繼沈括、王禎記載之後，活字印刷技術的又一重要文獻。

　　清代民間木活字，多為書坊或譜匠所有，皆以營利為目的。木活字不但可以互相借用，而且有人當作一種動產，可以當賣。清代士大夫為了揚名顯親或為表彰先賢起見，也有自製活字，或借用或購買活字，來刊行自己或祖先著作，也有印地方文獻的。其時，木活字印書內容豐富，除經書、小學諸書外，史學方面有正史、傳記、年譜、奏議、目錄、金石、地理類等，子部有諸子、兵書、醫籍。文學方面則為歷代詩文別集以及流行的通俗文學。清代木活字所印家譜甚多，據統計，十有六七多為清光緒間用木活字排印，而又以江浙兩省為多。

---

[17] 同註 16。

圖41:《武英殿聚珍版程式》木活字印書工序圖之一成造木子圖

圖 42：《武英殿聚珍版程式》木活字印書工序圖之二刻字圖

圖 43：《武英殿聚珍版程式》木活字印書工序圖之三字櫃圖

圖44：《武英殿聚珍版程式》木活字印書工序圖之四槽版圖

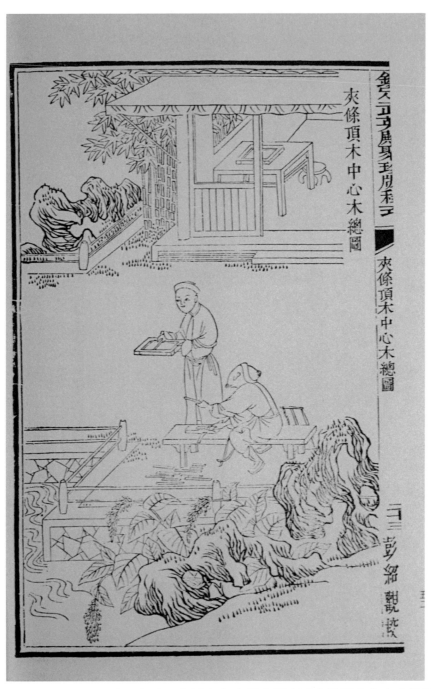

圖45：《武英殿聚珍版程式》木活字印書工序圖之五夾條頂木中心木總圖

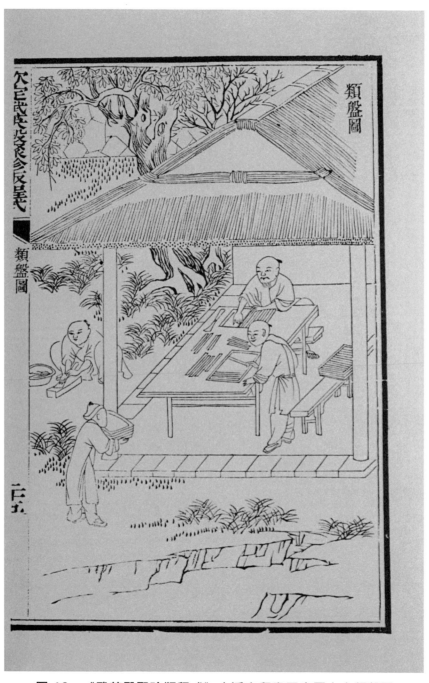

圖 46：《武英殿聚珍版程式》木活字印書工序圖之六類盤圖

圖 47：《武英殿聚珍版程式》木活字印書工序圖之七套格圖

圖 48：《武英殿聚珍版程式》木活字印書工序圖之八擺書圖

資料來源：金子和正編著，《中國活字版印刷法——武英殿聚珍版程式》
（東京都：汲古書院，1981 年 9 月）。

三、金屬活字印刷

　　我國最早使用金屬活字的記載是王禎的《造活字印書法》中說的：「近世又有鑄錫作字，以鐵條貫之作行，嵌於盔內，界行印書。但上項字樣難於使墨，率多印壞，所以不能久行[18]。」這段文字表明在王禎創造木活字之前，就已經有人鑄造錫活字排版印書了，但是由於效果不佳，故未能行之久遠。

　　我國古籍圖書的鉛活字印刷最早見於明朝陸深的《金臺紀聞》：「近日毘陵人用銅、鉛為活字，視板印尤巧便；而佈置間訛謬尤易[19]。」此時的鉛活字印刷顯然比其他金屬活字更接近現代的鉛字印刷術了，遺憾的是當時的鉛活字印本未見流傳下來。

　　明代的印刷技術，從泥活字、木活字之非金屬活字發展至金屬活字，製作金屬活字的材料有錫、銅、鉛等。其中，以銅活字較為流行。所謂銅活字印刷就是以銅鑄成的用於排版印刷的反文單字。但是銅活字印刷始於何時，無從稽考，只知道此種印刷在明朝弘治、正德年間頗為流行，這一時期印出的銅活字本也是我國現在流傳最古的活字印本，當時在蘇州、無錫、常州、南京一帶頗為盛行。其中以無錫的華燧和安國最為出名，華氏會通館以印書多而著名，凡奇書難得者，全訂正以行，自謂能會而通之，故題以為書室之名。

　　相傳銅活字是明朝華燧（1439-1513）發明的。最早用銅活字製作的印本是約在明弘治三年(1490)印的《宋諸臣奏議》，此書印刷品質不理想，但由於是最早的銅活字本，故其歷史價值很高。其後在弘治五年(1492)印有《錦繡萬花谷》一百十二卷；弘治八年(1495)印有《容齋隨筆》七十四卷、《文苑英華纂要》八十四卷、《古今合璧事類前集》六十三卷；弘治九年(1496)排印《百川學海》；弘治十一年(1498)印有《會通館集九經韻覽》

---

[18] (元)王禎撰，《農書》〈農器圖譜集之二十〉明嘉靖九年(1530)山東布政司刊本。

[19] (明)陸深撰，《金臺紀聞》，明萬曆間(1573-1620)繡水沈氏尚白齋刊本。

等。稍後據說是華健的叔叔華理於弘治十五年(1502) 也用銅活字印有陸游的《渭南文集》五十卷和《劍南詩稿》八卷。

正德年間無錫華堅的蘭雪堂也用銅活字印刷過許多書。最早印有的書籍是正德八年(1513)印成唐白居易撰的《白氏長慶集》七十一卷和唐元稹撰的《元氏長慶集》六十卷；正德十年(1515)印有的唐歐陽詢撰的《藝文類聚》二百卷正德十一年印有的漢董仲舒撰的《春秋繁露》十七卷和漢蔡邕撰的《蔡中郎文集》十卷、《外集》一卷等。華堅蘭雪堂所印的書，多在目錄後或書末印有圖記，有「錫山蘭雪堂華堅允剛活字銅板校正印行」字樣。

國家圖書館所藏《會通館印正宋諸臣奏議》一百五十卷六十四冊，(宋)趙汝愚編，明弘治三年(1490)錫山華氏會通館銅活字印小字本。是現存的我國最早一部活字版書，從其中墨色不均、行列又參差不齊看來，當時銅活字印刷技巧實在未臻成熟，卻不失所代表的歷史性意義。

無錫還有一家有名的銅活字印刷，即安國的桂坡館。安氏應用銅活字印刷術協助南京使都尚書編印《東光縣志》。嘉靖年間(1522-1566)安氏用銅活字排印了《吳中水利通志》十七卷；宋魏了翁撰的《重校魏鶴山先生大全》一百一十卷；唐顏真卿撰的《顏魯公文集》十五卷、《補遺》一卷；宋謝維新輯的《古今合璧事類備要前集》六十九卷、《後集》八十一卷；宋劉元剛撰《年譜》一卷附錄一卷。華氏和安氏的銅活字：印書品種多，數量大，傳世不少，後世藏書家均將其視同宋元版珍藏。此後，福建人饒氏在神宗萬曆二年(1574)也以此技術印有《太平御覽》。今所存明代弘治、嘉靖年間以銅活字印書的私家和書坊，還有金蘭館，常熟楊儀五川精舍、建業張氏、五雲溪館、芝城姚奎等。蘇州地區也曾用銅活字排印唐人詩集。嘉靖以後，銅活字印本書逐漸變少，木活字印本逐漸增多。

清代活字印刷術又更進一步的發展，我國歷史上最大的一部銅活字印書，是清朝康熙至雍正年間刊印的《古今圖書集成》。全書一萬卷，係用銅活字排版，插圖用木板刻印。原編纂人陳夢雷曾受命於西苑教康熙皇帝皇三子誠親王胤祉讀書。期間，陳氏利用王府及本人藏書，著手編纂，初

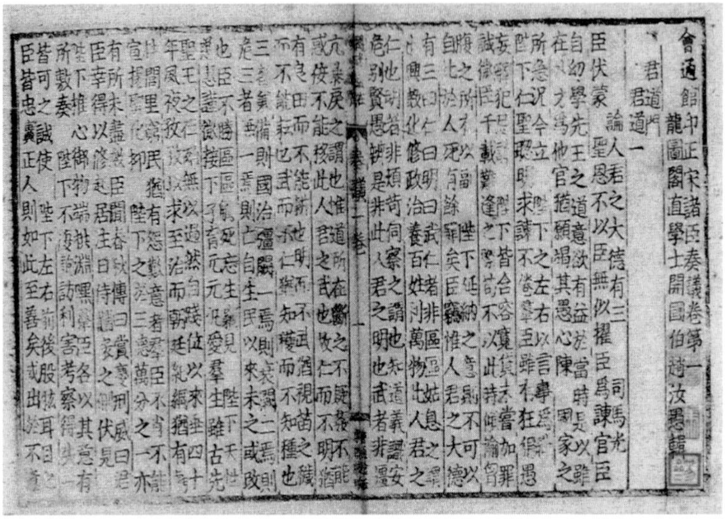

會通館印正宋諸臣奏議卷第一
龍圖閣直學士開國伯趙汝愚輯
君道門
君道一

圖 49：錫山華氏會通館銅活字印小字本《會通館印正宋諸臣奏議》

資料來源：《會通館印正宋諸臣奏議》(宋)趙汝愚編，明弘治三年(1490)錫山華氏會通館銅活字印小字本。（國家圖書館藏品，04829）

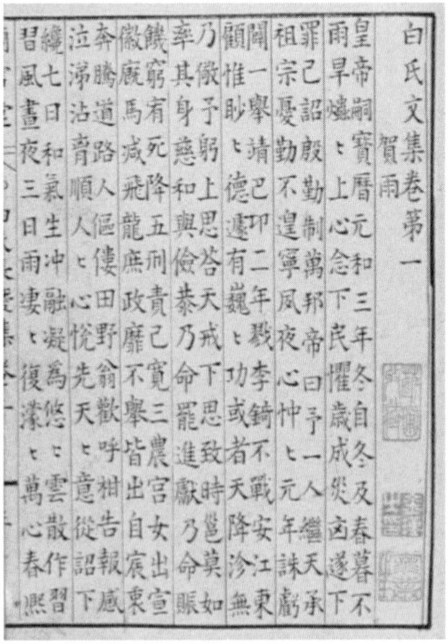

白氏文集卷第一
賀雨
皇帝嗣寶曆元和三年冬自冬及春暮不
雨旱爞〻上心念下民懼歲成災凶遂下
罪己詔殷勤制萬邦帝曰予一人繼天承
祖宗憂勤不遑寧夙夜心忡〻元年誅劉
闢一舉〻靖巴邛二年戮李錡不戰安江東
顧惟眇〻德遽有巍〻功或者天降沴無
乃儆予躬上思荅天戒下思致時邕莫如
率其身慈和與儉恭乃命罷進獻乃命賑
饑窮有死降五刑責己寬三農宮女出宣
徽廄馬減飛龍庶政靡不舉皆出自宸衷
奔騰道路人傴僂田野翁歡呼相告報感
泣涕沾胷順人〻心悅先天〻意從詔下
纔七日和氣生沖融凝為悠〻雲散作習
習風晝夜三日雨淒〻復濛〻萬心春熙

圖 50：錫山華氏蘭雪堂銅活字本《白氏長慶集》

資料來源：《白氏長慶集》（唐）白居易撰，明正德癸酉（八年，1513）錫山華氏蘭雪堂銅活字本。（國家圖書館藏品，09840）

名《文獻彙編》或稱《古今圖書彙編》，後改名《古今圖書集成》。康熙四十年（1701）至四十五年（1706）初稿完成並繕成清本，另寫目錄一冊，交誠親王奏進。經康熙皇帝同意，原擬交付武英殿刊印，由於時日遷延，遲遲未予付梓。

康熙末年，諸子爭立，雍正皇帝繼位後，陳夢雷又謫塞外。雍正帝另派蔣廷錫任總纂，重新整理《古今圖書集成》。雍正三年（1725）改編成書，全書按類編排，分為 6 編、32 典、6109 部，共 1 萬卷，約 1.6 億字。曆象編有乾象、歲功、曆法、庶征四典；方輿編有坤輿、職方、山川、邊裔四典；明倫編有皇極、宮闈、官常、家範、交誼、氏族、人事、閨媛八典；博物編有藝術、神異、禽蟲、草木四典；理學編有經籍、學行、文學、字學四典；經濟編有選舉、銓衡、食貨、禮儀、樂律、戎政、祥刑、考工八典。典下列部，每部多至數百數十卷，也有一卷而十餘部者。每部根據內容有匯考、總論、圖表、列傳、藝文、選句、紀事、雜錄、外編等篇。雍正四年（1726）初雍正帝禦制序文，並於六年(1728)以銅活字排印成書。

《古今圖書集成》的編纂體例與清代一般官修圖書不同，書中不列參加編纂者的職銜姓名，只有雍正帝的御制序文和蔣廷錫的進書表。雍正六年（1728）排印的《古今圖書集成》選用開化紙和太史連紙（與開化紙質地略同，顏色稍黃）兩種紙張印刷，細軟潔白，印刷精良，裝幀富麗大方。每半葉 9 行，行 20 字。白口，四周雙邊，書中附圖以木刻雕版印製。由於卷帙浩繁，只印成 64 部，另樣書一部。印數既少，當時即為珍本。於宮內文淵閣、皇極殿、乾清宮各貯存一部之外，存藏《四庫全書》的其它六閣各貯存一部。今僅故宮博物院、北京圖書館等處藏存全帙。《古今圖書集成》第二次印本稱「鉛字本」或「扁字本」。光緒十年（1884）由英國人美查等發起，設立圖書集成印書館，用三號扁體鉛字排印，費時 4 年，於光緒十四年（1888）印成，繪圖部分為石印，用的是史連紙。每半頁 12 行，行 38 字，細黑口，單欄，魚尾下小字印明彙編、典、卷、部、專案、頁數。共印 1500 部，每部分 1620 冊，另有 8 冊目錄。《古今圖書集成》第三次印本稱「同文版」、「光緒版」。光緒十六年（1890），光緒皇帝

下令石印，由上海同文書局承辦，於光緒二十年（1894）完成，照殿本原式印出 100 部。此版增刊了《考證》24 卷，訂正了引文的錯誤及脫缺，皆核對原書，每書正文仍是 5020 冊，合《考證》24 冊，共 5044 冊。此次印刷校正詳細，加工精細，所以印出的本子墨色鮮明，勝過殿本，但流傳稀少。《古今圖書集成》第四次印本稱「中華書局版」，1934 年由上海中華書局縮小影印，它是依康有為所藏的銅活字原印本縮小印刷，將原書 9 頁縮為 1 頁，仍舊白口，四周雙邊。每半頁 27 行，行 20 字，雙線，單魚尾，魚尾下小字印明彙編、典、卷、部，中縫下端雙行分印冊次、頁碼和「中華書局印」字樣。此版校勘精細，字跡清晰，墨色均勻，查閱方便，切合實用，是迄今最通行、最精善的本子。《古今圖書集成》可用於查考政治、經濟、歷史、文化、典章制度等方面的材料，也可用來輯佚和校勘古書，史料價值頗高。銅活字本《古今圖書集成》的刊印，是銅活字印刷史上規模最大的工程。表明此時銅活字印刷技術的發展已達到高峰。

此外，尚有有康熙二十五年（1686）吹藜閣所印的《文苑英華律賦選》、及康熙五十二年（1713）印刷的陳夢雷《松鶴山房集》等。活字印刷技術發明後曾直接從中國傳播到鄰近各國。南宋時，活字印刷術已東傳至朝鮮。1592 年中國的活字印刷術又由朝鮮傳到日本。清中期，越南王朝向中國購得木活字一副，直接用它在本國印書，中國的活字印刷技術隨同印刷工具一同傳入越南。清代後期，機械化的鉛字印刷技術傳入中國，逐漸為人們所採用，而成為書籍生產的主要方法。從此，傳統的手工業活字印刷術，便逐步被新式鉛印技術所取代了。

綜上所述，我國古代書籍的活字印刷是中華民族繼雕版印刷以後的又一偉大創舉泥活字、木活字和銅活字等金屬活字，為記載人類精神文明，傳承我國古代優秀文化傳統，提供了方便快捷的手段，並且被迅速推廣到國外，所以說活字印刷術也是對全世界文明進步的巨大貢獻。我們圖書館古籍管理人員明確這些，對於整理歷史文獻、鑒定古籍版本具有十分重要的現實意義。

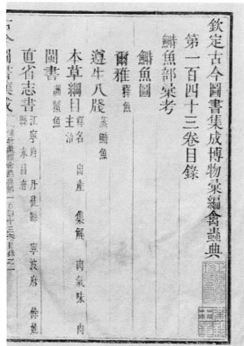

圖 51：銅活字《古今圖書集成》

第三節　套色印刷

　　套色印刷是古代中國人所發明的，它的發明是印刷術發展的又一突破，這一成就可與雕版印刷和活字印刷的發明相提並論，意義非凡，也是中國人對世界印刷史的又一項重大貢獻。

　　套版印刷術又稱為套印或套色印刷術。普通雕版印刷印出的圖文皆是一種顏色，比較單調。為能在一張紙上印出數種不同的色彩，於是發明了套版印刷方法。套印有一版及多版印法。前者是指在同一雕版上的不同部位，塗上不同顏色的油墨或水墨，一次或是分次上色印成；多版印法則是在幾塊大小一樣的版面之不同部位塗上不同顏色，然後疊印在同一張紙上。例如要在一張紙上同時呈現紅、黑兩色的文字，就刻成兩塊大小相同

圖 52：現存最早的木刻二色朱墨印本《金剛般若波羅蜜經》

資料來源：《金剛般若波羅蜜經》(元)釋思聰註解，元至正元年(1341)中
興路資福寺刊朱墨印本。（國家圖書館藏品，08838）

的版，在需要用色的部分，一版只塗紅色，另一版則只塗黑色，再將這兩
塊版先後印在同一張紙上，就成為彩色的印本，此即「朱墨本」，除此之
外，尚有雙色以上的「三色本」、「四色本」、及「五色本」等。這種彩
印多用在刊印正文及各家批註評點、製地圖、紙幣、書中插圖、年畫、繪
畫、書法及飾圖等。

　　套色版印刷開始在什麼時候，現在尚難作確切答覆。就現在所見的文
字資料，宋代開始，用多色套印紙幣以增加其防偽功能。它的出現是社會
經濟和印刷技術發展到較高水準的標誌。北宋大觀元年(1107)四川流行的
紙幣──交子改為錢引，就是用青、藍、紅三種顏色印刷的。

　　國家圖書館現存最早的木刻套色印本是《金剛般若波羅蜜經》一卷一
冊，姚秦釋鳩摩羅什譯，題梁昭明太子添加分目，元釋思聰禪師註解，元
至正元年（1341）中興路資福寺刊朱墨雙色印本。凡約四十紙，兩百面，

經摺裝，經文大字朱印，註釋雙行墨印。每半葉五行，行大字十二，小字二十四。卷前有朱繪〈釋迦說法圖〉，卷末並附刻〈般若無盡藏真言〉、〈金剛心陀羅尼〉、〈補闕真言〉、〈普回向真言〉、〈無聞老和尚註經處產靈芝圖〉（朱墨雙色印）、至元六年（1340）潛邑蚌湖市劉覺廣（時寓中興路）跋并次年（元至正元年）劉覺廣刊經讚，〈南無般若波羅蜜多心經〉。卷末有〈韋陀護法圖〉。書中鈐有〈甘露記〉、〈慈航記〉二朱文長方印。此套色印本比歐洲第一部帶色印刷的德國《梅因茲聖經詩篇》早了一百一十六年。存世最早的彩色地圖集是崇禎十六年（1643）的《今古輿地圖》。

　　明代盛行評點式的文學批評，有的書經過許多學者之手，他們往往將不同顏色的筆留下自己的批語，而將這種批本付刻時，通行的墨印本就無法清晰地表現出來。所以，用套印的方法印刷古籍，在明代萬曆至天啟間即被廣泛應用，這類書籍對指導閱讀、普及文化起了重要作用，影響讀者面很大。明胡應麟《少室山房筆叢》云：「凡印有朱者、有墨者、有靛者；有雙印者、有單印者，雙印與朱必貴重用之[20]」。此所謂雙印者，即指套印本。這是有關套印本的最早文字記載。在這段時間裡，吳興閔齊伋和凌濛初兩家用套印刷印的古書最為著名，世稱閔刻本、凌刻本。兩家刻印的四部圖書，約計一百數十種，字畫精美，套色鮮明。套印有多色者，近人葉德輝《書林清話》卷八云：「他如三色套印，則有《古詩歸》十五卷、《唐詩歸》三十六卷，其間周朱墨者鍾惺、用藍筆者譚元春也。四色套印，則有萬曆辛巳。凌瀛初刻《世說新語》八卷，其間周藍筆者劉辰翁，用朱筆者王世貞，用黃筆者劉應登也。五色套印，明人無之。道光甲午琢州盧坤刻《杜工部集》二十五卷，其間用紫筆者明王世貞，用藍筆者明王慎中，用朱筆者王士禎，用綠筆者邵長蘅，用黃筆者宋犖也，是並墨印而六色矣。斑斕彩色，娛目怡情，能使讀者精神為之一振。然刻一書而用數書之費，

---

[20] (明) 胡應麟撰，《少室山房筆叢》〈經籍會通四〉，明崇禎壬申(五年，1632)延陵吳國琦重刊本。

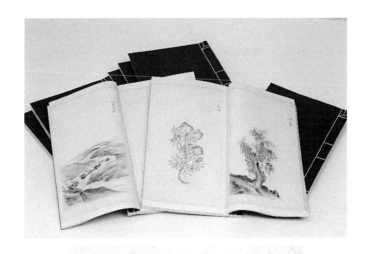

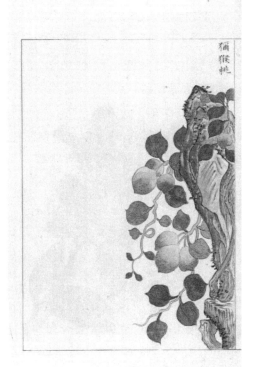

圖 52-1：《金石昆蟲草木狀》

資料來源：《金石昆蟲草木狀》(明)文俶繪，明萬曆四十五年(1617)至四

十八年(1620)彩繪底稿本。（國家圖書館藏品，06921）

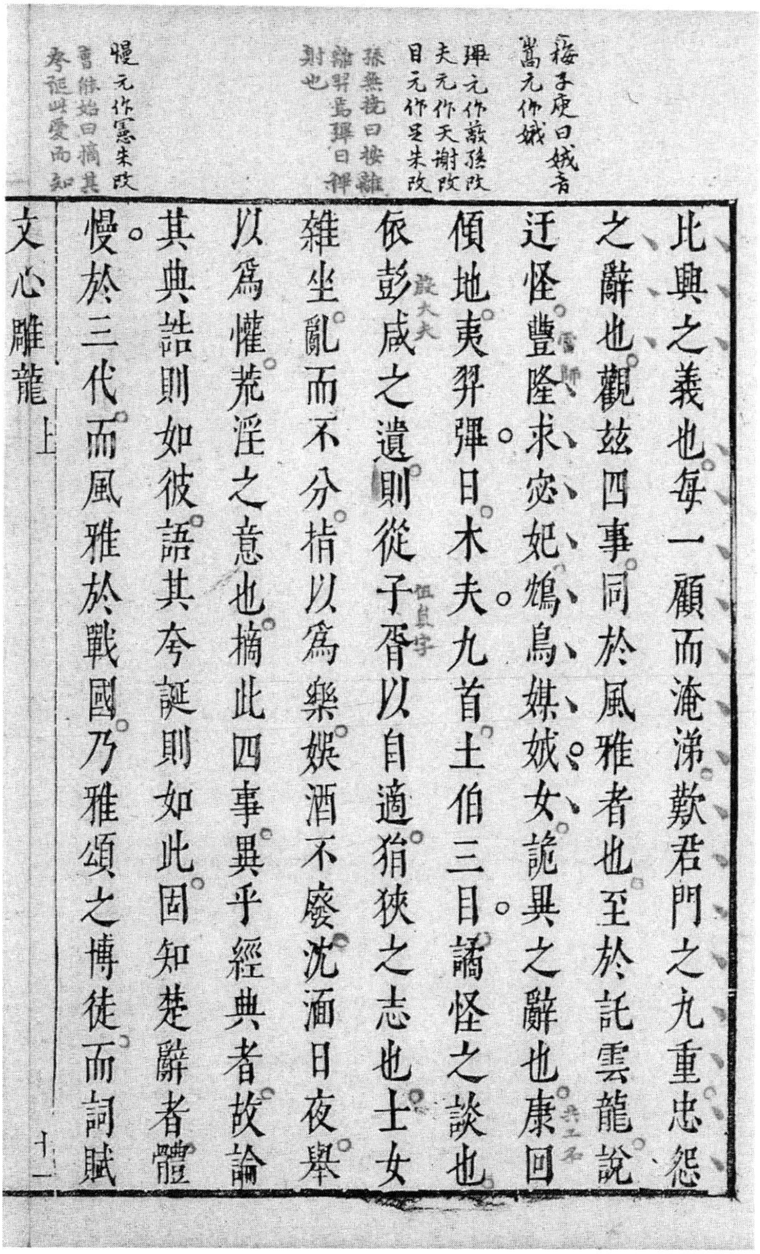

比興之義也每一顧而淹涕歎君門之九重忠怨
之辭也觀兹四事同於風雅者也至於託雲龍說
遷怪豐隆求宓妃鴆鳥媒娀女詭異之辭也康回
傾地夷羿彈日木夫九首土伯三目譎怪之談也
依彭咸之遺則從子胥以自適狷狹之志也士女
雜坐亂而不分㗊以為樂娛酒不廢沈湎日夜舉
以為懽荒淫之意也摘此四事異乎經典者故論
其典誥則如彼語其夸誕則如此固知楚辭者體
慢於三代而風雅於戰國乃雅頌之博徒而詞賦

文心雕龍上

圖 53：五色套印本《文心雕龍》

資料來源：《文心雕龍》(南北朝)劉勰撰，明吳興凌雲刊五色套印本（國家圖書館藏品，14815）

非有巨貲大力，不克成功[21]。」清代前期，有一些頗具代表性的套印本傳世，如康熙間內府五色套印的《御選唐宋文醇》、王奕清等撰的《曲譜》，雍正間所刻朱墨兩色的《硃批論諭旨》等，色調雅緻，說明套印技術已達到很高水平。道光以後，清朝國勢日益衰弱，經濟每況愈下，而套印書籍，也逐步被盛行於南方蘇州桃花塢、北方天津楊柳青和山東的年畫所代替。

國家圖書館所藏《金石昆蟲草木狀》二十七卷十二冊，明文俶女士繪，明萬曆四十五年至四十八年彩繪底稿本。繪者文俶為明代畫家文徵明之玄孫女。此底稿繪圖一千三百餘幅，大抵根據明代內府珍藏《本草品彙精要》及作者家藏本草圖費時三年摹繪而成，不僅為極具欣賞價值之畫冊，為研究中國藥材的罕見圖鑑資料。

十六世紀末，十七世紀初，彩色套印的技術更加精進，發展出餖版和拱花的印刷方法。餖版，或稱活版套色印刷，就是將畫稿圖像，按顏色與深淺的不同，分別刻成許多小塊刻版，然後用小塊刻版，根據其在畫面上的不同位置，分別多次印刷，最後組合成與原稿相同的彩色畫面。餖，即所印圖像相互關連、彼此銜接、套版高度精確的意思，因此在印刷過程中，要求極為嚴格。印製時還要掌握水份的多少，在版上還可於淡中加施重墨或重彩，使之通過水份自然地銜接或融合，以顯現深淺、濃淡、陰陽、向背、遠近、虛實，從而在印出後，達到有如在宣紙上畫出的筆意效果。這種方法開始流行於晚明，如萬曆至崇禎（1572-1644）年間，由安徽休寧人胡正言刻印的《十竹齋書畫譜》、《十竹齋箋譜》；天啟（1620-1627）年間，由南京吳發祥刻印的《蘿軒變古箋譜》等，都有相當多的餖版彩色套印版畫。李言恭在《十竹齋箋譜》序言中，也曾講到餖版刷中繪刻印三方面要求的難度。餖版彩色套印法流傳至今，榮寶齋等仍用此法複製古代繪畫，得到很好的效果。

國家圖書館所藏《周元通寶竈》一套五幅，含有線板、逐色套印板，以及最後成品，藉此可了解傳統彩色年畫印刷過程。

---

[21] 葉德輝撰，《書林清話》卷八，民國九年(1920)長沙葉氏觀古堂刊本。

圖 54：五幅套色版《周元通寶竈》（國家圖書館藏品，0002）

　　拱花，即將版雕成凹版浮雕效果，版內塗中藥白笈水，然後將宣紙按畫面需要部位局部濕水捶入，使紙面陷下緊貼雕版凹入的畫面，然後使其乾透固定，紙面既出現無色的浮雕效果圖形，因圖形拱起而稱「拱花」。如《蘿軒變古箋譜》中的飛白、雕玉兩類即用拱花法做成。

　　餖版印刷與普通套版印刷所不同的主要有三個方面：(1)濕紙：在含有適量水分的生宣紙上進行印刷，可克服濕版乾紙印刷的弊病，並將中國書

畫作品中的神韻表現得淋漓盡致。(2)著色：按原作色彩的濃淡深淺用毛筆在套版上著色。(3)施印：將上的紙張逐一揭起，鋪在著色的版面上，用毛刷於紙背拭刷。有時先印某色，乾後再印他色；有時必須在顏色乾燥之前立即加印他色，才能顯出顏色的層次和深淺，以便充分表現中國書畫作品的技巧與神韻。這是其它印刷技術所無法媲美的[22]。「餖版」、「拱版」的出現，標誌著套色印刷技藝進入了成熟階段。

彩色套印本始於明季盛於清道光咸豐以後。在明代套色印書風氣的影響下，清代的套色印刷繼續發展，官刻套印本有清初順治年間五色本《勸善金科》，康熙年間四色本《唐宋文醇》、《唐宋詩醇》及朱墨本《曲譜》等，雍正年間朱墨本《朱批諭旨》等，乾隆年間五色本《昭代蕭韶》、《西湖佳話》等，清麗醒目、刻印精美，均為內府套印的代表作品。私刻則有道光年間涿州盧坤六色本《杜工部集》、松滋謝氏朱墨本《碎金詞譜》、咸豐年間蔣立昂朱墨本《六朝文絜》等。民間套印本比較有名的是清康熙芥子園甥館刻彩色套印本《芥子園畫傳》，是用餖版套印的[23]。

彩色套印還發展到一種很合需要的用途，利用不同顏色的印刷來做醒目的比較，那就是各種地圖的印製。如李兆洛編製的《歷代輿地沿革圖》和楊守敬編製的《歷代輿地圖》都用彩色套版印製。明代是版畫發展的黃金時代、成熟時代，不僅數量眾多，而且璀璨奪目，爭奇鬥豔，風格各異，流派甚多。建安派版畫的質樸生動、金陵派版畫的剛柔相濟、徽州派版畫的精細工麗、武林派版畫的雋秀清麗，蘇州派版畫的奇清豔態、吳興派版畫的景疏線暢，使版畫藝術的百花交相輝映，達到了前所未有的成就。明清時期民間還把彩色套印廣泛地用於年畫印刷。其年畫印刷作坊遍及全國各地。其中，蘇州的桃花塢、天津的楊柳青、山東濰坊的楊家埠等地的年畫最為有名。

※本書因黑白印刷，導致彩圖無呈現，請參考電子書。

---

[22] 徐憶農著，《中國古代印刷圖志》，揚州：廣陵書社，2006，頁 108。

[23] 薛慧芳〈中國古代套色印刷考略〉，《龍岩學院學報》第 32 卷第 4 期，2014 年 8 月，頁 127。

四月朱櫻未蔫
盤雨餘紅玉蓮
香寒黃鶴堂絲
崇倂吉故向枝
頸認大丹
在齋貔山

素娥縹緲下巫陽
犀袂輕盈奪月
光固是君王懺玉
色他時不敢負紅
糚歎白蓮
蔡伯產

圖 55：餖版彩色套印本《十竹齋書畫譜》

資料來源：《十竹齋書畫譜》(明)胡正言繪編，清康熙間(1662-1722)芥子
園覆明天啟至崇禎間刊彩色印本。(國家圖書館藏品，06719)。

圖 56：拱花彩印《蘿軒變古箋譜》

圖 56：拱花彩印《蘿軒變古箋譜》（續）

資料來源：《蘿軒變古箋譜》(明)吳發祥編印，民國七十年(1981)上海朵
雲軒影印本。（國家圖書館藏品，20477）。

第五章　古籍的裝幀

　　古籍作為人類精神文明的載體，古籍的發展形式反映了一定社會、一定時期的生活狀況和意識形態，在不同的歷史時期中，古籍具有特定的形式。我國古代書籍裝幀對現代書籍裝幀具有深層的影響和潛移的默化。

　　我國初期書籍的產生，可追溯到人們有意識地將日常生活中所發生之事件用文字記錄的一些材料，但此一文字記錄仍屬檔案性質，且掌握在當時少數史官及貴族階級的手中。然而就其能傳授統治經驗、提供統治借鑑的意義上看，未嘗不可將其視為書籍。

　　我國正規書籍的產生，約在殷商晚期和西周時期，是一種寫在竹片上的書。《尚書・多士篇》稱「維殷先人，有典有冊[1]。」亦即遠在殷商前期，我國就已經有用竹簡編成的書籍了了，而一直沿用到東晉末年才逐漸被淘汰，前後共流行約二千年的時間。從正規書籍的產生，到孔子倡導學術自由之風開啟之後，私人著述廣泛出現，顯示人們愈來愈需要以文字表達思想。隨著文字著述的增加，早先的甲骨、青銅器以及玉、石等物再也無法完全承擔此一大量需求，於是竹、木、謙吊便成了主要的書寫材料，後來並更進一步以紙代替，從而展開了中國書籍漫長但精采的演進過程。

　　中國古代書籍裝幀形式的形成與演變，迄今研究所知，中國在漫長的數千年歷史進程中，書籍的形態有著很奇妙的演進。自甲骨文字作為傳遞資訊的記號工具始，至商代中葉，刻寫在竹木簡上並用帶子串連起來的「簡策」。從用絲織品、帛箔做材料，上抄文字，圍中心棒卷作而成的「卷軸」，到紙張發明後，遂改成以一張長方型紙為單位的「折疊本」。後又受印度貝葉梵經的啟示，將書頁按序粘接起來，加以折疊，稱之為「經摺裝」。五代初期，書的裝訂逐漸轉向「冊葉型」，至明中葉後，被謂之「線裝」

---

[1]　《尚書》卷下〈多士篇〉，明內府刊本。

書的形態所替代，直至晚清。大抵經過簡冊制度，卷軸制度，和冊頁制度三大不同階段，而具體的裝幀形式則先後流行過簡冊裝，帛書卷子裝，紙書裝卷軸裝，經摺裝，旋風裝，梵夾裝，蝴蝶裝，包背裝，線裝，毛裝等十種。

　　書籍的裝幀，首先是為保護書籍防止損壞便於使用，如孫慶增《藏書紀要》云：「裝訂書籍，不在華美飾觀，而要護帙有道，款式古雅，厚薄得宜，精緻端正方為第一[2]」。其二，是為裝飾及美觀，如孫慶增舉例錢遵王與毛斧季兩大藏書家書籍裝幀封面用紙情況：

> 　　錢遵王述古堂裝訂書面，用自造五色箋紙，或用洋箋書面，雖裝訂華美，卻未盡善。不若毛斧季汲古閣裝訂書面，用宋箋藏經紙，宣德紙染雅色，自製古紙更佳，至於松江黃綠箋紙書面，再加常錦套金箋貼箋最俗[3]。

　　其三；是進入等級社會後體現維護等級性及標誌作用。書籍的裝幀形式，色彩的使用，至清代有嚴格等級要求，不可越制。其四；是區別不同類別書籍的標誌，如清宮天祿琳琅藏書以不同顏色的書函區分不同時代的版本，宋版影宋本書函以錦，元版書函以淺藍色絹，明版書函以深藍色絹。文淵閣《四庫全書》封面按經、史、子、集各類以不同顏色區別，經部綠色，史部紅色，子部藍色，集部灰色，目錄黃色，五色按架排放一目了然。

第一節　簡策

　　中國最古老的正規書籍，是將文字寫在竹簡上，再編連成冊。《尚書》

---

[2]　(清)孫從添撰，《藏書紀要》〈第五則裝釘〉，清道光十三年(1833)刊本。

[3]　《尚書》卷下〈多士篇〉，明內府刊本。

說：「維殷先人，有典有冊[4]。」其典、冊的含意如何？東漢許慎《說文解字》的解釋是「冊作 𠕋，象其札一長一短，中有二編之形[5]。」可見冊是古代用竹簡書寫並裝幀好的書籍。《說文》又說：「典作 𤯌，五帝之書也，從冊在兀上[6]。」典是特稱進獻給帝王，放置在几案上的書冊；換句話說，典也是用竹簡編連成冊的書。由《尚書》的記載可知，商朝已有了用竹簡書寫串編而成的書冊，亦即商人已懂得用編連的方式來裝幀書籍了。簡冊（或作策）係從商朝中葉產生，傳衍至春秋時代而使用日廣，尤盛行於戰國時期及兩漢，其後逐漸沒落，到東晉末年才為紙書取代。

　　我國在戰國、秦、漢時期，竹籤和木版是做成書籍最主要的材料。一般來說，用竹做的書，古人稱為簡策；用木做的書，則稱之為方版或版牘，簡策主要用以寫書，版牘主要用以寫公文、信件和畫圖，但是這種區別並不十分嚴格。簡策究竟怎樣製做？在漢代王充《論衡》卷十二〈量知篇〉有詳細說明[7]，大概是先把竹材截成圓筒，再把竹簡劈開成一條條的竹籤，這就叫做簡，也稱為牒。用簡寫書之前，須先在火上將竹籤烘乾，以防蠹朽。這叫做汗青或殺青。如果是以木材為材料，則先將原木鋸成段，再劈成片，然後刮削平坦，叫做版，也叫做槧。版上寫了字叫做牘，版劈成木條叫做札，後人也稱之為木簡。簡的長度並不一致，古人習慣以長短表示尊重的程度。所以用長簡寫經典，用短簡寫傳記或雜文。一根簡只能寫一行。一行多的幾十字，少的只有八字，寫一部著作要用許多簡，這些簡必須編連起來，才方便閱讀，於是用麻繩、皮繩或絲繩之類，把一根根的簡編連起來，這種編成的整體，便叫做冊。所以冊字的形態就象徵著一捆簡牘編以書繩二道的樣字。冊也可以寫作策，後人把這種書籍制度叫做簡策（冊）制度，這也是我們現在把一本書稱為一冊書的來源。

---

[4]　薛慧芳，〈中國古代套色印刷考略〉，《龍岩學院學報》第 32 卷 4 期，2014 年 8 月，頁 127。

[5]　(漢) 許慎著，《說文解字》，明萬曆戊戌(二十六年，1598)陳大科刊本。

[6]　(漢) 許慎著，《說文解字》，明萬曆戊戌(二十六年，1598)陳大科刊本。

[7]　(漢)王充撰，《論衡》卷十二〈量知篇〉，明末武林何氏刊本配補清刊本。

圖 57：簡策（中央研究院史語所藏品）

　　用簡書寫時，通常是以左手持簡，右手執筆，並順著竹木紋理向下直寫。寫完一枚簡後，左手即順手放置在几案左前方，然後開始寫第二枚簡，第二枚簡寫完，也順手並排於前一根簡左側，如此類推。最後將並列的各簡按序編連成冊，造成從上而下，從右而左的閱讀習慣。至於編連方法，一般用韋皮或麻繩，王室用有顏色的絲繩，在簡冊的上下端各編一道，但遇大冊時，也有用到三道、四道，甚至多到五道的。編妥之後，即以最後一簡為軸，有字的一面向內，簡背在外，從尾端向前捲起，捲到前端，再利用剩餘的繩頭，將整篇簡捆紮起來。簡策書籍這種編連卷收的做法，也只是適應竹木簡的特質而形成的特定形式，但對後世書籍的裝幀形式也產生了極其深遠的影響。帛書卷子裝、紙書卷軸裝的出現及長期流行，完全可以說是對簡策卷起收藏形式的模仿。

　　至於編簡用的繩子，大抵使用韋（熟皮革）、絲或麻。《史記‧孔子世家》說孔子晚年喜歡讀《易經》，愛不釋手，乃致韋編三絕。韋甚堅韌，但因孔子不時翻閱，竟使編簡的韋繩斷了數次[8]。通常在選用時，除了考慮經濟及實用的因素，同時會配合典籍內容的重要性和珍貴性。如正式典籍用絲，公文簿籍用麻；西北偏遠的邊境地區用麻，中土內郡較富裕則多用絲；竹簡用絲，木牘用麻。

　　簡冊的編數一般是上、下兩道，若條片較長，也可以編上三道或四道，晚近出土的秦簡「為吏之道」則有六道之多。當把簡冊展開時，每根簡之

[8]　(漢)司馬遷撰，《史記》卷四十七〈孔子世家十七〉，明嘉靖四年(1525)金臺汪諒刊本

間形成的條格，將文字界分為一行行的，十分整齊。因此，日後帛書或紙書產生之後，在版面上亦畫出邊框和界行，仿如許多根簡排列的形式一樣。

簡編成冊，通常一冊就是一篇首尾完整的文字，因此也稱「篇」。古人對於簡冊的計數，都以篇為單位，一部書常分為若干篇，如《孟子》七篇，即共有七冊簡。遇文章篇幅較長者，可能編為數冊簡；而文字較短者，亦可合數篇為一加。但通常仍以一冊一篇為多，故以篇為計數單位，這種習慣至今仍沿用著。

古簡以篇為單位，一部書有很多篇簡，為了便於識別篇第，每每在全篇開頭的第一、二兩簡背面分別寫上篇次和篇名，因為這二簡在捲完後是在最外面的，很容易看到顯露於外的篇名篇次，對於尋檢篇第有很大幫助。

此外，由於簡冊是由左向右捲起的，在每次舒捲展閱時，右端開頭的地方，很容易因屢次開合受到磨損，所以後來就在前面加兩根沒有字的簡，叫做贅簡，用來保護正文。此贅簡相當於現代書籍的護頁，有加強保護書籍的功用。

除了贅簡之外，用以維護簡冊的還有帙和囊。帙是在簡冊捲起紮妥時，用來包裹的，多使用柔軟的質料，如布帛等；也可以做成口袋，盛裝簡冊，稱為囊。帙、囊在卷軸書仍繼續使用。至於木製的版牘，其使用似較晚；歷來出土的木牘，都屬東漢前後，或在西北邊遠不產竹的地區出土。一般來說，簡冊主要用來寫書，版牘則主要用以寫公文、信件和畫圖，但有一種窄長的木牘，實際就是木簡，也用來寫書。又版牘大抵較闊，通常不用竹簡那樣的編連方式，如要編連，或許在版牘上穿一孔，採用如梳子的櫛齒並列貫串法。在紙張發明後一段時期，竹簡、木牘仍被繼續用作書寫，可能是因為就地取材，價廉易得的緣故吧！

簡牘形制對後世圖書的影響：

(一)簡牘書寫都是由上往下、由右至左，這決定了三千多年來中文書寫及排版形式。

(二)簡牘的收存都是捲束的，這也影響了紙本圖書初期的捲軸形態。

(三)簡牘的行列，影響到捲軸乃至雕板印刷的「界行」及「行款」等

形式。

　　(四)簡牘所使用的「篇」、「卷」、「冊」、「編」等名稱，一直延用至今。

第二節　帛書

　　帛書與簡書雖然製作材料不同，成書之後的面貌也各異，但在裝幀形式上彼此卻有許多相似之處。帛是絲織品的總名，也有稱為縑、素或繒的，本來供作裁製衣物，因帛上可以使墨，於是也用來寫書。按《漢書·食貨志》載：「布帛廣二尺二寸為幅，長四丈為匹[9]。」寫書時，看字數多寡，隨意裁截。帛書是指寫在縑帛等絲織品上的書，「縑」為黃色細絹，「帛」為白色生絹。大約出現在春秋末年或戰國初年，相當於簡冊盛行的時代，係因簡冊過於笨重，遂有「子張書諸紳[10]」的作法。紳即絲織品，為取其輕便而書寫於上。

　　帛書上面一般織出或畫有界線，紅色叫「朱絲欄」，黑色叫「烏絲欄」。縑帛是柔軟、富有韌性的長幅絲織品，書寫時，可依字數多少、篇幅大小而隨意裁剪。寫完後，取一根比縑帛寬度略長一點的細木棒黏裱於卷末，再以此木棒為中心（稱為軸），由左向右捲繞至開頭的地方，成為一束，也叫一卷，通常是一書的一個篇章，因此我們也常稱書為多少卷，或第幾卷。這種裝式稱為卷軸裝，也叫卷子裝。

　　關於帛書的裝幀存放，所知大抵有三種形式：一是卷軸，即指在帛書左側黏附一根小棍，並以此為軸，仿照簡冊般捲起收藏；二是折疊，主要針對面積較大的圖畫，可一反一正折疊存放，類似後來紙本的經折裝；三是盒裝，將面積基本相同的長方形帛書按序裝入長方形盒中，或許啟發了

---

[9]　(漢)班固撰，《漢書》志第四卷〈食貨志〉，明嘉靖間(1522-1566)德藩最樂軒刊本。

[10]　《論語》卷下〈子張卷十九〉，明崇禎庚辰(13年，1640)錫山秦氏刊本。

後來函套、書箱的出現，也為中國古籍裝幀逐漸走向冊葉創造了條件。

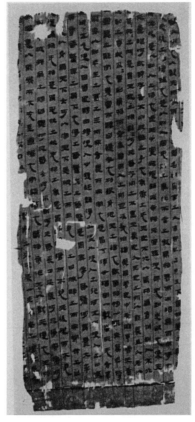

圖 58：馬王堆帛書

第三節　卷軸（卷子裝）

　　紙本卷軸裝大概開始於漢代，主要盛行於魏晉南北朝至隋唐間。紙與竹共存約 300 年；與帛共存約 500 年。簡冊和帛書的裝訂方式都是由小單元逐個橫接為一整體，紙本卷軸裝也保持這般式樣。具體作法接近帛書，即將紙張橫接黏成長幅，通常以木棒作軸黏附在紙幅最左端，收藏時以此

為軸心,自左向右捲束,故稱卷軸裝。或以為紙幅較厚的,則像簡冊一樣直接捲起,稱為卷子裝。

自從以縑帛及紙張做為書寫材料以後,由於質柔而輕便,收藏時可以捲成一束,用時則可以舒展,於是圖書有了卷子的形式。為了便於舒展,就在卷心貫上一根軸,兩端長於卷外,像車軸一樣,所以稱之為卷軸。這種裝潢形式的圖書,是以軸為中心,由左向右捲起而成一束。卷的右端是書首。為了保護書首,往往在其前面留下一段空白,或者粘上一段無字的紙或絹、錦、綢緞等作為保護,叫做褾。現在通稱為「包頭」,相當於一般書冊的封面。褾的前端要再繫上細長絲帶,用來捆紮卷軸的,叫帶。隨著著作內容的多少,卷子有長短的不同。通常長度在一、二丈之間,短卷有時只有幾尺,可是敦煌發現的卷子,有的長到三、四丈。卷子捲好之後,用帶子扎起,帶通常是絲織品。為了便於尋找,卷子外端題有書名。卷子平放在書架上,軸端向外,便於抽出和插入,所以叫做插架。但插架後的卷子,常看不到書名,於是在軸頭掛上一個小牌子,上寫簡單的書名和卷次,這叫做籤。在圖書較多時,還可用不同顏色的籤來區分書的類別。唐朝韓愈的詩曾說:「鄴侯家多書,插架三萬軸,一一懸牙籤,新若手未觸[11]。」鄴侯李泌的藏書不但多,而且裝飾精美,還用各色牙籤一一標識,也可見當時講究卷軸裝飾的風氣了。

卷軸的維護常以五卷、十卷為單位,像簡冊一樣用帙包起來免受損壞。作為帙的通常是絲織品或布,如《北堂書鈔》謂「傅玄盛書,有素縑帙、布帙、絹帙[12]。」此外也有竹簾的帙;敦煌遺書的卷子,即以竹織簾包裹。帙的形制後來使用於書畫卷軸,目前國畫製成卷子仍以帙來包裹。卷、軸、褾、帶、籤、帙是卷軸制度的主要組織內容。

---

[11] (唐)韓愈撰,《朱文公校昌黎先生集》卷之七〈送諸葛覺往隨州讀書〉,明正統戊辰(十三年,1448)書林王宗玉刊十三行本。

[12] (唐)虞世南撰,《北堂書鈔》引〈晉中興書〉,明萬曆庚子(二十八年,1600)海虞陳禹謨校刊本。

圖 59：卷軸裝

資料來源：《大般涅槃經》(北涼)釋曇無讖譯，隋大業四年（608）釋慧
休寫卷子本。（國家圖書館藏品，08756）

　　卷軸的材料，普通就是一般的紙和帶漆或不帶漆的細木棒。有些比較
考究的，往往用絲織的綾、錦做褾，配上絲織的彩帶，而軸則用象牙、珊
瑚、金、玉等貴重材料。韓愈有詩云：「鄴侯家多書，插架三萬軸，一一
懸牙籤，新若手未觸[13]。」可見古時對卷軸裝飾的考究。

第四節　葉子（貝葉式、幅葉式）

　　自從後漢和帝時蔡倫發明了造紙的方法，直到唐代以前，中國的圖書

---

[13]　《論語》卷下〈子張卷十九〉，明崇禎庚辰(13 年，1640)錫山秦氏刊本。

都作卷軸形式。然而經過長時期的使用，也漸漸感到不便。所以到了唐代初年，中國圖書的形制就開始模仿印度的貝葉經，不再將一張張的紙粘成長幅，只要保持原來的單張積起來收存，這就是宋人所謂的葉子。關於葉子名稱的起源，明末潘之恆在《葉子譜》題辭中曾說：「葉子，古貝葉之遺製[14]。」清末葉德輝亦曾加以考證，《書林清話》卷一〈書之稱葉〉云：「吾嘗疑葉子之緣起，當本於佛經之梵貝書。釋氏書言西域無紙，以貝多樹葉寫經，亦稱經文為梵夾書，此則以一翻為一葉，其名實頗符。不然，艸木之葉，於典冊之式何涉哉[15]。」這種推論，相當可信。中國的圖書為什麼稱一張為一葉，即源於印度的貝葉經。

　　葉子既然是一張張的散葉，必須加以裝置，才不容易散失。裝置的方法，一種是用夾，一種是用函。夾是仿印度貝葉經的方法。函的本意為容，有如盒子，古代有所謂玉函、石函，都是用來盛裝珍貴的物品。唐以前用來護書的只有書帙，並無書函的記載。根據文獻，用函裝書最早起始於唐，當在改卷軸為葉子以後，後來書冊盛行，仍一直沿用這種方法來保護圖書。

　　唐代的葉子，雖說是仿自印度貝葉經，但形制則略有改變。貝葉經的形制，因貝葉的大小受天然的限制，而梵文是由左向右橫寫，所以形成上下甚窄的狹長形。但這種形式，用中國由上而下直行的文字寫讀起來就不太適合，所以唐代的葉子不能不變其制。根據前人的記載及近代發現的遺物來看，大約有兩種形式：一種雖然作扁長方形，但是上下加高。寬與高的比例約在 2:1 至 3:2 之間。而唐代紙幅寬與高的比例，亦大約為 3:2，葉子大概就是以一幅為一葉。這種葉子因為紙幅比較寬大，為了便於翻閱，唐人多採用硬黃紙像後代的書畫，作冊葉裝置時，必裱在硬紙上一樣。葉子的另一種形式，與貝葉無異，所不同的只是變貝葉的構式為豎式，成為上下高闊，左右狹窄。

---

14 (明)潘之恆撰，《葉子譜》，明刊本。

15 (清)葉德輝撰，《書林清話》卷一〈書之稱葉〉，民國九年(1920)長沙葉氏觀古堂刊本。

圖 60：葉子(國家圖書館藏品)

　　葉子比起卷軸來，無疑地是進了一步，查檢起來要方便得多。但是它不像卷子黏連在一起，當然比較容易散失錯亂。所以唯有常備檢閱的書，才用葉子的形制，這恐怕是葉子不太流行的主要原因。

圖 61：幅葉式葉子

資料來源：盧錦堂〈中國古籍紙本裝幀演進考述〉，佛教圖書館館刊第
四十九期 98 年 6 月。

　　古代印度的佛教經典是寫在該國所產的貝多羅樹的樹葉（簡稱貝葉）上，貝葉在經過特殊處理之後，依其天然形制裁成上下低矮、左右開闊的狹長形。將梵文由左至右橫寫在貝葉上，堆置一旁，積存相當數量後，即依序整理成一疊，上、下各用一版片夾住，保護裡面的梵文經葉，稱作「梵夾」；再以繩索捆紮。因此，這種裝置一般稱為葉子。所謂葉子，就是一張張單葉，將上面書寫了文字的單葉紙張疊積起來，而形成一新的書籍裝

幀樣式。葉子書的裝幀形式其實是受到隋唐時期從印度所傳來梵夾裝貝葉經的影響；稱為「葉子」，大抵指一張張紙狀似印度貝多羅樹樹葉，後來古籍冊葉裝即沿用「葉」字來稱呼一張張書葉。

　　我國的「葉子」雖模仿印度梵夾裝貝葉經，卻是有所不同。貝葉經是上下窄而左右寬的狹長形，與中國文字由上而下的直書習慣不合。因此唐代的葉子就發展出兩種改良形式。一種是貝葉式葉子，類似貝葉的扁長方形，但是上下加高，一幅紙寬與高的比例約為三比二，且多以上蠟經燙的硬黃紙製作。這種硬黃紙較硬挺，有如裱背過一般，故其紙幅雖較為寬大，翻閱仍甚方便。另一種是幅葉式葉子，則將葉子換個方向，改橫式為豎式，變成上下高闊，左右狹窄，就能配合國人直行書寫和閱讀的習慣了。

　　古人管理這些單張散葉的方法，一種是仿貝葉經，用硬紙或木板在前後夾住，再加以捆綁。另一種方式，是找一個方形盒子，如同古代用以收藏玉、石等珍貴物品的函，用來裝書。據記載，最早用函裝書是在唐朝，亦即改卷軸為葉子之後。其後書籍裝幀方式雖屢經更迭，還是一直用函來保護書冊。即使在現代也能見到用硬紙製作的書函。

　　中國圖書在何時啟用葉子，並無特別記載。但《續高僧傳》中談到，唐太宗貞觀二十一年（647），僧道宣奉有司之命，延請法師講〈涅盤經〉，講完經後，遺落了幾張經文紙，可以想見這部經書是未經黏連的散葉所成。而有關文獻中亦會述及，唐朝以前和尚誦經以卷計數，但自唐太宗之後，卻常以紙數來計算。可見唐朝初年就有佛教經典採用葉子的形制，爾後才慢慢為其他書籍所效法。這種新的裝置方式帶來新的觀念，一改以往既定的卷軸裝式，使日後的書籍裝幀朝新的方向發展，而使書籍進入冊葉階段。

第五節　經摺裝

　　經摺裝是由貝葉式的葉子發展而來，把卷軸改成葉子後，省卻了反覆

舒捲的麻煩，但葉子是一張張的紙，雖然尋檢較為方便，卻極易散亂、錯置或遺失。因此葉子在唐代並未盛行，且很快地發展出新的裝幀方式——經摺裝。

經摺裝的出現與「佛經」有關，可視為佛教徒對佛經裝幀所做一種改革，經摺裝也稱為摺子裝，是把許多單張的書葉，按先後順序，黏成像卷子一樣的長幅，但不捲起來，而是依一定的行數——通常是五或六行一摺，均勻地左右連續摺疊起來，成為長方形，再用兩片較硬的質料，如木版或厚紙，黏在這疊紙的最前面和最後面，以保護書籍。用做書皮的版，常裱上布或有顏色的紙加以美化。經過這項處理方式的書，拉開時，狀似手風琴，十分優美。

圖 62：經摺裝

資料來源：《大方廣佛華嚴經》（唐）釋實叉難陀譯，宋淳化咸平間（990-
1003）杭州龍興寺刊大藏經本。（國家圖書館藏品，08660）

這種新的裝置方法比卷軸裝翻檢方便，無論要找的文字在前或在後，

順手就能翻到要查的那一葉，而且不需屢次舒捲，在時間上較經濟，又可避免對文字、書冊造成損害，且更利於書籍的保存。因此，在雕印書籍盛行之後，使用極為普遍，尤以佛教經典使用最廣，如北宋雕印的《崇寧萬壽大藏》等，都採用經摺裝的形式。此外，也有許多碑帖、畫冊採用了這種裝式。

經摺裝的產生大約在中唐以後，它適應了人們的需要，將書籍裝式做了重大革新，使原有的卷軸裝完全改變，正式跨入冊葉書籍的階段。其功用不只在於使用便利及保護書冊，對於佛教教義的宣導和學術思想的流傳，也具有非凡的貢獻。由於此裝式製作頗為簡便，優點甚多，遂得以流傳至今。現在還常常可以看到一些隨身攜帶的佛經，製成這種手風琴式的本子，今人稱為摺疊本。

第六節　旋風裝（後世或演變為龍鱗裝）

旋風裝，古書的裝幀形式之一，又稱龍鱗裝，源於卷子裝。早期學者認為旋風裝是把前述的經摺裝改以一張大紙將前後封頁黏住，把書的首尾包起，可以從頭翻到尾，再由後面翻回來，且不會散亂。這種迴環往復的翻閱方式猶如旋風，故稱為旋風裝，或稱旋風葉、旋風卷子。

圖 63：旋風裝（後世或演變為龍鱗裝）

　　但上述說法，最近被推翻。學者發現，故宮所藏《唐寫本王仁昫刊謬補缺切韻》（相傳為吳彩鸞書寫的唐韻），才是真正的「旋風葉」作法。這部書凡二十四張葉子，其中只有首葉是單面書寫，其餘二十三葉則以較厚的紙張雙面書寫。其裝幀方法是拿一張比書葉稍寬的長幅紙張作為底紙，將首葉全幅黏貼在底紙右端後，再把其他葉子右邊未書寫之空白部分逐葉向左鱗次相錯黏裱在首葉左方的底紙上面。這些錯落相積的書葉，捲起時很像空氣分若干層朝一個方向旋轉而形成的旋風；又張開時如龍鱗一般，亦稱龍鱗裝。這種形式的書收藏時由首向尾捲起，外表看來，和一般卷軸式的帛書、紙書並無二致，還是以插架的方式管理。這樣的裝置，可說是唐朝人對於經常需檢索的書籍所作之改進，不但保留了卷軸裝的外形，也使查閱方便許多。基於後一個說法，旋風裝是對卷軸裝的一種改進形式。

　　檢閱相關文獻記載，如宋歐陽修《歸田錄》卷二謂「凡文字有備檢用者，卷軸難數卷舒，故以葉子寫之，如吳彩鸞《唐韻》、李邰《彩選》是也[16]」；又如宋張邦基《墨莊漫錄》卷三說「裴鉶《傳奇》載，成都古仙人吳彩鸞善書小字，嘗書《唐韻》鬻之。……今世間所傳《唐韻》猶有，皆旋風葉，字畫清勁，人家往往有之[17]；」又元王惲《玉堂嘉話》卷二云：「吳彩鸞龍鱗褙韻……其制共五十四葉，鱗次相積，皆留紙縫[18]」。又如清錢曾《讀書敏求記》卷三「雲煙過眼錄」條稱「《錄》云焦達卿有吳彩鸞書《切韻》一卷。……相傳彩鸞所書《韻》散落人間甚多，余從延陵季氏曾觀其真蹟，……與達卿所藏者異，逐葉翻看，展轉至末，仍合為一卷，張邦基《墨莊漫錄》云旋風葉者。即此，真曠代之奇寶[19]」。大概可從中讀出下列信息：其一是「旋風葉」可「逐葉翻看」，與敦煌遺書中實物大抵相符。其二是所謂仙人吳彩鸞書《唐韻》，唐裴鉶《傳奇》嘗有記載，

[16] (宋)歐陽修撰，《歸田錄》卷二，明萬曆間會稽商氏刊本。

[17] (宋)張邦基撰，《墨莊漫錄》卷三，明萬曆間會稽商氏刊本。

[18] (元)王惲撰，《玉堂嘉話》卷二，舊鈔本。

[19] (清)錢曾撰，《讀書敏求記》卷三《雲煙過眼錄》，清乾隆十年(1745)東里沈尚傑刊本。

則似唐末五代已行世。其三是古代文獻記載此類裝幀形式的書籍，性質或屬「凡文字有備檢用者」，而保存至今，不止一部的《刊謬補缺切韻》寫本，具相當佐證度。北京故宮博物院藏唐寫本《王仁昫刊謬補缺切韻》即為旋風裝。

第七節　黏葉裝／縫繢裝

宋張邦基《墨莊漫錄》卷四載：「王洙原叔內翰常云：作書冊，粘葉為上，久脫爛，苟不逸去，尋其次第，足可抄錄。屢得逸書，以此獲全。若縫繢，歲久斷絕，即難次序。初得董氏《繁露》數冊，錯亂顛倒。伏讀歲餘，尋繹綴次，方稍完復，乃縫繢之弊也。嘗與宋宣獻談之，宋悉今家所錄者作粘法[20]。」

黏葉裝、縫繢裝係敦煌遺書的裝幀形式大抵流行於唐末、五代時期。黏葉裝視書葉厚薄而有兩種做法：一種書葉較薄的，就單面書寫，將有字一面作為正面，相向對折，無字的一面為背面，除首葉前半及末葉後半外，各葉背面塗上漿糊，按順序使兩葉間的背面黏合。另一種書葉較厚的，先將空白書葉對折一下，折縫在右，分作四面依序書寫，然後將書葉排妥，在每張書葉折縫處塗上漿糊黏接起來。黏葉裝形式似正方形的冊子，書口上下兩角大多被剪切成圓弧狀。這種裝幀形式與宋元刻本書常見的「蝴蝶裝」類似，而「蝴蝶裝」又是黏葉的，或許可說此「為後來的蝴蝶裝書的產生提供了技術前提」。

縫繢裝是將若干書葉疊放起來對折成為一落，在中縫處縫訂麻線。也有將數落疊在一起，用線縫訂，而穿線方法不太規則。縫繢裝亦形似冊子，或呈長方形，書口兩角又多被剪切成圓弧狀。這種裝幀形式多是先裝訂，再書寫，最後裁切整齊。正如前面所引《墨莊漫錄》的記載，縫線會斷絕，

---

20 (宋)張邦基撰，《墨莊漫錄》卷四，明萬曆間會稽商氏刊本

一斷就不易回復原來次序。從這一點來看，縫繢裝對蝴蝶裝書、包背裝書和線裝書的打眼裝訂、鎖線裝訂是有一定的啟發作用的。

圖 64：黏葉裝

資料來源：盧錦堂〈中國古籍紙本裝幀演進考述〉，佛教圖書館館刊第
四十九期 98 年 6 月。

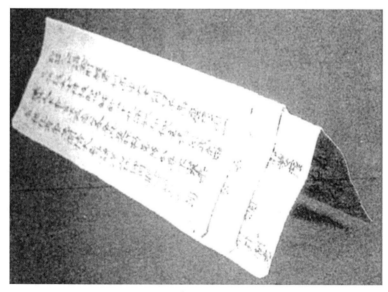

圖 65：縫繢裝

資料來源：盧錦堂〈中國古籍紙本裝幀演進考述〉，佛教圖書館館刊第
四十九期 98 年 6 月。

第八節 蝴蝶裝

　　中國自唐代開始有雕版印書，五代時即以之雕印九經。北宋以後，雕版印書即成為書籍生產方式的主流。由於雕版必須將一部書的內容分作若干版，一版一版地雕印，印出來的就是以版為單位的書葉。這些書葉究竟應採用怎樣一種方便的形式，不得不重新考慮。有說冊葉的書是從幅葉式葉子演進而成，最初的裝訂形式不詳。

　　唐代以前長期採用的卷軸，以及唐代出現的旋風葉和經摺裝，對於一版一版印刷出來的書籍來講，都不盡適用。於是兩宋時代出現了蝴蝶裝。《明史・藝文志》卷一總序記載明代「祕閣書籍皆宋元所遺，無不精美。裝用倒摺，四周向外，蟲鼠不能損[21]。」這裡所說「裝用倒折，四周向外」指的就是蝴蝶裝。

　　蝴蝶裝，簡稱蝶裝，又稱黏葉裝，宋代的書籍普遍都是這種裝訂。蝴蝶裝的裝幀作法，是把每張印好的書葉，將有字的一面對摺，版心（書葉中央折疊的地方）在內。摺好的書葉集成一疊疊理齊後，書葉反面折疊處，用漿糊逐葉黏妥後，取一張硬厚大紙，對摺黏在書脊，作為書皮（也叫書衣），再把上、下、左三邊多餘的紙幅裁齊，就成了一冊和現代平、精裝書籍外形相似的書，這是中國冊葉書籍的最初形式。由於書葉的中心已固定在書脊，葉的兩端向外張開，乍看仿如蝴蝶伸展雙翼擬飛之態，十分美麗，因此被稱作蝴蝶裝，簡稱蝶裝。在宋、元兩代最為盛行，尤其是宋代刻書，幾乎都採蝴蝶裝。

　　蝴蝶裝的書皮大多以厚硬的紙製作，比較講究的，會用綾錦加以裱背，做成好看的面子。這種冊葉的書，我們把黏連的一邊叫書背，散開部分稱書口；書的上方叫書首，書的下方為書根。古人放置蝶裝書籍時，讓書口朝下，書背向上，一冊一冊立著排列在書架上。由於書口直接在書架板面上，因此書葉邊欄的餘幅都會留得特別寬大，這寬大的書口可以保護

[21] (清)張廷玉等撰，《明史》卷九十六、藝文一，清乾隆四年（1739）武英殿刻本

圖書不因摩擦而受損壞。蝴蝶裝使文字朝裏，有利於保護版框內的文字。
而且裝訂時只用漿糊黏連，沒有穿線的針眼和釘孔，便於重裝。今天我們
所見到的宋版書，大多已被後人改為線裝了。但蝴蝶裝閱讀需連翻兩葉才
能看到一葉印文，極為不便。因此，又有更方便的包背裝出現。

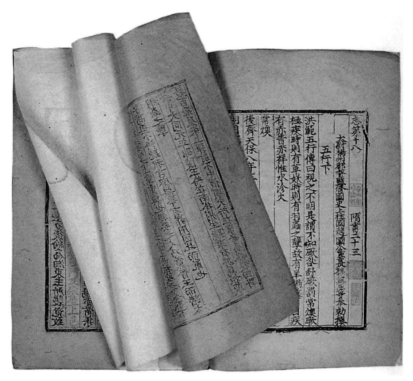

圖 66：蝴蝶裝

資料來源：《隋書》存一卷(唐)魏徵撰，元大德間(1297-1307)饒州路儒學
刊本。（國家圖書館藏品，15434）

蝶裝書的優點首先是書葉用糊黏，堅牢耐久。其次板框四周空白在
外，如有損壞，可以裁去，不致傷及文字。其缺點則因書葉僅能單面印刷，
書葉反摺，則閱讀時必須連翻兩頁，於是出現改良的作法，如清代藏書家
黃丕烈（1763-1825），塗上少許漿糊在兩張書葉背面的書口部位，使相互
黏連，不會翻閱到無字葉面；書背且不滿塗漿糊，而是直接裹以書皮，版
心部位可免被蛀蝕。後人稱此改良形式為「黃裝」。

第九節　包背裝

　　從外表看，包背裝和蝴蝶裝相同。但包背裝是把有文字的一面向人。書葉左右兩邊的餘幅，則齊向右邊書脊，餘幅處打眼訂紙捻，其外用一大紙作前後封面，黏連包裹書背。包背裝的名稱即來自把書背全部包住的特點。這種裝式大概起於南宋，和蝴蝶裝同時流行於元代，一直沿用到明朝中葉，才逐漸被線裝取代。但清代仍有一些官書是採包背裝的。

　　與其他裝幀方式相比，包背裝已進步許多，但還是有一個問題，裝訂的書脊部分黏連不易牢固，如果經常翻閱，書葉極易散落。隨後乃有線裝的出現。

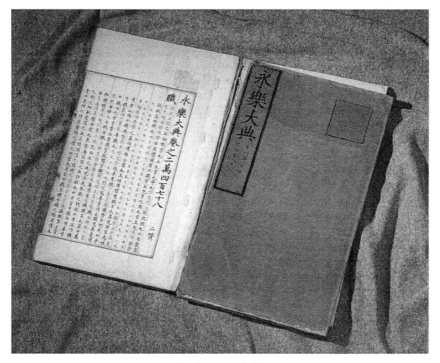

圖 67：包背裝

資料來源：《永樂大典》(明) 解縉撰，明嘉靖隆慶間(1522-1572)內府重寫本。（國家圖書館藏品，08001）

包背裝，為中國古代書籍裝訂的一種方法，由宋代的蝴蝶裝遞變而來，流行於元、明時期。蝴蝶裝係將書葉以版心為中線正面摺疊，即將印有文字的一面對摺，讀者閱讀時，每閱畢一頁，因次頁為空頁，需連翻兩次才能接連下去，頗為不便。於是進一步改良，即將書葉反摺，正面（即印刷文字的一面）向外，背面在內，成表裏二頁。翻閱時頁頁有字，且因版心向書口，書名、卷次、頁次等從外面可見，查索容易。又因版框外側餘幅在書背，可以線或紙捻裝訂，比蝴蝶裝用粘背方法堅牢，不易散解。線裝之後，更以書衣自封面迴繞書背到封底，以糊包粘起來，即成包背裝，外形有如現在的平裝本。其與後來習見的線裝書，唯一不同處為，線裝的封面、封底各用一紙。包背裝始於元代，明代嘉靖以前十分普遍，現存《永樂大典》就是以黃綾硬質書衣裝訂的包背裝傳世。明代中葉以前的書籍，其中也不乏軟面包背裝。清代以後包背裝已不多見，但偶有內府圖書仍採用此種裝訂者，例如《四庫全書》，不過一般書籍已改用線裝。

第十節　線裝

線裝，為中國古書裝訂方法的一種，也是明代中期以後書籍裝幀的主流，線裝書是今天所習見的舊籍形式。用線訂書，其起源很早，敦煌所出古寫本，據說已有用線縫訂的。不過，明代以前的書籍，不論其為蝴蝶裝或包背裝，主要是用黏背而非線訂。但明末、清代的書籍，幾乎都是採用線裝。

南宋初年的張邦基在《墨莊漫錄》卷四中引述王洙比較書冊黏葉和「縫繢」之法的利弊，說到書葉「若縫繢，歲久斷絕，即難次序[22]」，表出當時已有線穿的縫繢之法，可見用線裝訂書冊的時間，至少可推移至北宋末年或南宋初年。可惜他並未提及具體的穿線方法，我們很難想像它的樣

---

[22] (宋)張邦基撰，《墨莊漫錄》卷四，明萬曆間會稽商氏刊本

子。但這種穿線縫續的方法歷經改良之後，到了明朝中葉已成為裝訂書冊
之主流。

圖 68：線裝

資料來源：《國立中央圖書館特藏選錄》，國立中央圖書館特藏組編輯，
（臺北市：國立中央圖書館，1979 年 8 月修正版）。

所謂線裝，是把印好的書葉，以版心為中線正面折疊，使表裏兩面都
見文字，經配頁後在背端錐孔穿線，裝訂成冊。其裝訂方法，首先將書葉
正摺，分書配葉，對齊中縫板心及邊欄下腳（齊線），添加空白副葉若干
張，加上前後書面，用切刀將上下及書背截切打磨；如果是珍貴書籍或講
究裝訂者，常用綾絹色鑲書角，以保護書角，增加美觀；然後即行打眼穿
線，訂成一冊。打眼穿線的方法，也是線裝書的主要特徵，一般用四針眼
訂法，比較寬大書籍，則用六針眼訂法，甚至八針眼訂法。由於線裝書並
未黏裹書背，為免書角受損，常拿布或綾帕包里，叫做包角。

　　線裝書形式古雅而實用，既便於翻閱，又不易散亂脫落，免除昔日各種裝幀方式的缺點，可說是中國古書裝幀形制中最完善者，因此能自明朝中葉到清末，流行數百年之久。即使是現在，仍有少數以毛邊紙或宣紙製作的書採用線裝形式。

　　中國古書的裝幀形制為了適應書籍的製作材料、製作方式和社會需要而不斷演進，但各種形制往往同時兼而有之，並不因有了新的方式產生而立即消失。因此，我們除了利用晚近發掘的遺物或敦煌遺書等研究古籍在裝幀方面的發展，更有大量現存的實物，幫助我們了解先人的智慧，以及他們在這方面所做的努力。

第十一節　毛裝

　　毛裝又稱「草裝」，其實它不是一種單獨的裝幀形式。究竟出現於什麼具體時代，已無從查考。毛裝形式的特點，在折葉方法上與包背裝、線裝沒有任何區別。都是以版心為軸線，合葉折疊。集數葉為一疊，戳齊書口，然後在書脊內側打兩眼或打四眼，用紙撚穿訂，砸平。天頭地腳及書脊毛茬自任，不用裁齊。也不用裝封皮。這種毛茬參差而又紙撚粗裝不要封皮的裝幀形式，就叫作毛裝。

圖 69：毛裝

現知毛裝書通常在兩種情況下出現：一種是官刻書，特別是清代內府武英殿刻的書，通常都要送給滿族人的發祥地瀋陽故宮、各王府、有功之臣或封疆大吏。這種書送去之後，不知得主珍重程度，更不知人家打算裝配什麼質地的封皮，所以就毛裝發送。遼寧省圖書館珍藏不少原瀋陽故宮所得殿版書，其中不少還是當初清朝內府武英殿的毛裝。寧波范氏天一閣，在《四庫全書》編纂過程中進書有功。乾隆皇帝為了嘉獎范氏天一閣的獻書赤誠，下令將雍正時內府用銅活字排印的《古今圖書集成》送給天一閣一部。天一閣得到此書後，專門做了幾個大書櫥，將此書庋藏在寶書樓上。直到今天，你若登上天一閣的寶書樓，還能看到這部書。你若有這方面的興趣，注意一下它的裝幀，你就會發現它還是 260 多年前清朝內府的毛裝。

還有一種情況就是手稿，特別是草稿，作者寫到一章一節，為不使其頁碼章節錯亂，也常常自己把它裝訂起來。有用線訂的，也有用紙撚訂的。毛毛草草，邊緣參差，所以也稱為毛裝。這種情況，在清代乃至民國初年，在文人學士中還常常出現。甚至魯迅、陳垣先生的手稿，也曾採用過這種毛裝的形式。

第十二節　古籍的護書函套

古籍函套是古籍的外衣，同時也是盛裝古籍的配件。因其與古籍直接接觸，是古籍存放的最小空間，不僅具有防光、防蟲、防塵的作用，還能有效降低溫、濕度的變化，所以在古籍保護中具有尤為重要的作用。其用料、材質均極為考究。

一、函套：書套。一種傳統的書籍護裝物。它是用厚板紙作裡層，外面用布或錦等織物裝裱而成的盒式外套。書冊裝入其內，以牙籤或竹籤作為封裝的系物。

函套有四合套和六合套兩種。裹繞全書四面而露出書頂和書根者為四合套；將全書六面全部包裹起來的函套叫六合套。六合套多用於比較考究

的書籍，便於久藏，有時在開函的部分挖成雲頭形或環形、月牙式，既堅牢又美觀。現代出版的珍貴畫冊和特裝本還常常採用六合套的形式作為書盒。

圖 70：四合套

圖 71：六合套

資料來源：《國立中央圖書館特藏選錄》，國立中央圖書館特藏組編輯
（臺北市：國立中央圖書館，1979 年 8 月修正版）。

　　二、木匣：木匣是指木板做成匣狀，其製法，五面密合，留一端可以開閉，將書置其中，不易損傷。有的還另做上下兩片夾板，置於書之上下，再連同夾板置於匣內。文獻記載，清代《四庫全書》插架都用楠木製成這樣的函式木匣來保護書籍，所以歷時兩百年時光，仍完好如初。

圖 72：木匣

資料來源：《國立中央圖書館特藏選錄》，國立中央圖書館特藏組編輯
（臺北市：國立中央圖書館，1979 年 8 月修正版）。

　　三、夾板：夾板則是木匣的簡製(變形)，做法是將兩片木板裁成與書大小相等，在板的兩端各穿兩孔，用布帶穿過。書置於兩板中間，然後結上帶子。

圖 73：夾板

資料來源：《國立中央圖書館特藏選錄》，國立中央圖書館特藏組編輯
　　　　　（臺北市：國立中央圖書館，1979 年 8 月修正版）。

四、布套與夾板

　　簡單地說，其做法與夾板相似，前有布套，後有夾板相連，質料用布套做成的。雖然有形式與質料上的不同，但護書的功用是一致性的。

圖 74：布套與夾板

資料來源：《國立中央圖書館特藏選錄》，國立中央圖書館特藏組編輯
（臺北市：國立中央圖書館，1979 年 8 月修正版）。

　　「函套」最主要的目的，除了美觀之外，是用來保護古籍，使古籍不
會受到損害，古代的藏書家，一方面保護珍貴的古籍，另一方面使古籍有
安全的環境，除了製作「函套」來保護外，還要注意到損壞書籍的自然災
害，如火災、水災、溫度、濕度、光線、黴菌、蟲鼠、空氣中的污染物及
人為因素(含使用不當、過度翻閱)等。這些傷害，我們可以事先預防或減
輕其傷害到最低。

　　就製作「函套」而言，使用的質料，不論是木板或布套，也都畏懼這
些書籍殺手的傷害。所以在製作「木匣」時，要注意到木材的濕度、防蟲
性與是否會滲油。使用「夾板」時，除了與「木匣」相似的問題外，還要
留意到所用的布帶或繩子的防蟲性與是否會褪色。至於「書套」，基本上

是以紙板為主要結構體,「書套」因需利用漿糊將布與紙板結合為一體,因而成為蟲鼠與黴菌的最愛。而紙板本身的密度、原料成分等因素,關係到它的吸水性與含水性。尤其是以「六合套」的形式,將書的四週全部包裹起來,通風情況較差;若含水性較強時,濕度相對的偏高,如果碰到通風不良,溫度當然就會增高,再加上布與漿糊等質料的不利條件,書將更輕易地發黴或長蛀蟲,反而加速書籍的毀損[23]。

由於古籍文獻的損壞,除了資料自然老化外,還會受到外在典藏環境的影響,人為因素、自然天災及不良的本質等因素皆有可能加速圖書劣化。因此為了延展圖書文獻的生命,以供讀者查檢利用,妥善規劃的典藏環境與相關維護措施,是圖書館長久以來極為重視的一環。

保存古籍是一件不容易的事情,臺灣地處亞熱帶,南北兩地在溫濕度方面差異很大,在這種氣候條件,非常適合黴菌與書蟲的生長和繁殖;對古籍的保存,更要注意,若能替它穿上外衣——函套之後,更要小心地加以維護,避免遭受更大的傷害。有效地控制溫度與濕度,則是基本的保護方法之一,這更是我們所擔任的任務和責任,共同為古籍的保存貢獻力量。

---

[23] 謝鶯興〈古籍的外衣——函套〉https://www.lib.thu.edu.tw/newsletter/62-200611/PG07.htm

第六章　結語

　　古籍，就是舊書。凡指我國古代自有雕版印刷以來， 1911 年以前產生的。古人用漢語文字寫作的刻本、活字本、稿本、抄本、批校本的總稱。因此，古籍兼有文書、檔案、書籍三重意義。隨著時間的進展，將記事類文件加以編排，供人閱讀，並達到傳播知識經驗的目的，便形成了一部書籍，書籍的內容日益增多，載體趨向多元，製作技術不斷改進，為了方便閱讀，產生了「簡冊」、「卷軸」、「冊頁」、「線裝書」等不同的裝幀樣式。

　　一般書籍離不開文字記載，也就是說，有了文字纔讓敘述事實，或表達看法變得容易，纔會有書籍。但文字的產生非一蹴即就，所經歷史過程十分漫長。在沒有產生文字時，人們或用結繩來幫助記憶，東漢鄭玄注《周易》提及此，即說：「事大，大結其繩；事小，小結其繩。結之多少，隨物眾寡。」今日，吾人還可從雲南等地少數民族看到將結繩記事的方法用在標識田價以為土地買賣憑證諸方面。又，《易·繫辭下》記載：「上古結繩而治，後世聖人易之以書契。」「書」指筆畫而言，「契」是刻的意思，此即在竹、木或陶等上面刻畫若干痕跡、記號，亦是用來幫助記憶的。如雲南佤族世代相傳一長木板，兩側刻有許多深淺不同的缺口，代表各種大小事情。據說每年到了吃新米的時候，全村男女老幼一起嚐新，並取出這長木板，由長者敘述每個缺口所代表的事情，讓村民認識本村的歷史。隨後，圖畫又成為原始時代傳播知識的媒介。上古人類常把所觀察到的事物和生活情形繪畫在所居洞穴的石壁上。此等圖畫逐漸簡化，便形成圖畫文字。中國若干民族的文字仍然保存著畫圖記事的遺意，雲南納西族的「東巴經」即是一例。圖畫愈來愈抽象，只能算作刻符，陝西西安半坡仰韶文化遺址若干出土陶器上可找到形狀簡單但相當規則的刻畫符號，其他地方續有類似發現，提供學者探究中國原始文字的有力依據。最後，終於出現

系統化而又發展成熟的文字，如殷商甲骨文。

　　既有了文字，就會有書籍，書籍又習慣被稱為「圖書」，正反映中國古代圖畫和文字的密切關係。就出土文物而言，甲骨卜辭、青銅器銘文等可視為現存的中國最早文字紀錄，不過若干學者認為其中內容性質相當於後世檔案，不能看作專為傳授知識，供人閱讀的書籍，如著名圖書史研究專家錢存訓先生說到正式圖書，即主張開始於竹簡木牘。現時，蕭東發先生在所著《中國圖書出版印刷史論》源流篇中則進而強調，判斷是否為書，標準不在於載體，而在於記錄的內容。他說：「甲骨文、金石文絕大多數是檔案，屬廣義的文獻，但仍有一部分可列入嚴格意義上的圖書。反之，竹木簡牘的內容相對較廣，大部分為圖書，也有相當一部分為祭禱記錄和遺策，不能稱之為書。」

　　後來，中國發明造紙術，與笨重的竹木和昂貴的縑帛相較，紙成為更理想的書寫材料。又由於紙的出現，以致雕版印書變得可行。當然，紙不是印刷術發明的唯一前提。先秦時代使用陰文印記鈐蓋在所傳送文件的封泥上，鈐妥後呈現正字印文，以及古代刻碑技術近乎雕版，墨拓碑文亦類似印刷過程，諸如此類，都很自然地發展出印刷術來。此外，值得注意的是，錢存訓先生在《紙和印刷》（李約瑟《中國科學技術史》第 5 卷《化學及相關技術》第 1 分冊）導言中指出，漢字抄寫緩慢且複雜，因而可能使中國古代對藉著機具複製以替代純手工的需要遠勝過西方。再者，虔誠佛教徒大量渴求經文此一情況，亦大大影響及印刷術的發明。

　　人類由野蠻進入文明，由謀求生存之道而至探索生活意義，歷經漫長過程，累積相當豐富的經驗、感想，甚或教訓、警告，並因此創造出形形色色各類民生日用，制定妥大大小小諸種禮儀規範，還留下浩如煙海的圖書文獻。上述無疑都是往哲昔賢心血凝聚所成，其中不少更被視為珍貴文化遺產，既表達對祖先貢獻的感念，復啟發對未來遠景的籌畫，值得吾人珍惜保存。

　　長久以來，圖書在傳播知識上扮演著舉足輕重的角色。倘若沒有圖書，不但人類的經驗難以傳承，文明知識也難以發展。華夏民族之所以能擁有

眾多的人口，廣大的版圖，並建立歷時久常的國家，這與重視知識的追求與傳承有很大的關係。因此，作為知識傳播的媒體——紙張及印刷術等，才得以相繼出現。紙張及印刷術不僅是中國古代科技的產物，更是文化史上的重大發明，它們也先後傳布到西方世紀，對人類文明的開展有著偉大的貢獻，影響極為深遠。

附錄一：古籍線裝書裝訂形式的演變

　　由表內容可了解，書籍的裝訂形式是會隨著人類生活的需求，不斷地修正與演進，從方便攜帶卻不容易閱讀的卷軸裝，到逐步改善不易閱讀課題的炫風裝以及經摺裝，但隨著閱讀便利性的提升，相對產生摺頁處容易產生裂開或分裂的問題，因此開始有了以紙釘加以固定的裝訂方式，到了明代中葉的線裝形式，書籍閱讀便利性趨於完善，是目前較為普遍的一種書籍裝訂方式。

時代	形式	朝代	材料	特色	優點	缺點
卷軸時代(公元三世紀)	卷軸裝	唐至宋	紙	書寫方便，輕巧易於攜帶蒐藏，且美觀。以一圓軸從左至右捲。	書寫方便，輕巧易於攜帶蒐藏，且美觀。紙張便宜、普及。	同卷內容不易尋找，閱讀時需邊捲邊讀，且長度不一。
過度時期(公元八、九世紀)	旋風裝	唐至宋	紙	仍以捲軸形式出現，舒展開可以逐頁翻閱，收攏起來像炫風故稱。	查看資料比卷軸容易	製作時較其他裝訂形式複雜、費工。
	經摺裝	魏晉之後	紙、絹	展開似卷軸，合起則為長方形。	翻閱、檢索容易，置放容易。	容易散失，若圖像有跨頁時頁面會有摺痕。
冊頁時代(公元十世紀初)	蝴蝶裝	五代至宋元	紙	翻頁似蝴蝶，書口大。	翻閱、檢索、置放容易，不易散開，且書口、書首、書根可以裁切。	由於書頁向內摺，因此書頁背面為空白頁，摺頁處容易裂開而分散。
	包	元至明	紙	紙釘加固，書背	翻閱、檢索、放	書口、書首、書

	背裝	中葉		上糊。	置容易，不易散失。	根容易損傷
	線裝	明中葉之後	紙	紙釘與縫線加固	翻閱、檢索、放置容易，更不易散失。	書口、書首、書根容易損傷

資料來源：

1. 國家圖書館特藏組主編，《以古通今：書的歷史》(臺北市：國家圖書館，2011 年)。

2. 吳哲夫、李中然〈中國圖書發展簡史〉，《佛教圖書館館刊》第62 期，106 年 6 月。

附錄二：古籍相關名詞解釋（以筆畫排列）

三畫

小題和大題：小題指篇名，大題指書名。一般出現在卷端，通常大題在上。而宋版有時「小題在上，大題在下」。

巾箱本：巾箱是古代裝頭巾（一說為手巾）的小篋，巾箱本取其意，指稱那種形狀較小，便於攜帶的書本。

四畫

毛裝：用紙捻將文稿或書頁連同書皮一起裝訂，天頭、地腳及書背毛茸任其自然。

五畫

石印：以石板為印版的平版印刷。

石印本：利用石印技術印刷的書籍。石印技術為平版印刷的一種，利用石板吸墨及油水不相容的原理，將底本複製至石板上印刷而成。

刊語：古籍中不屬於正文，而由刊印者加刻的記述書坊字號、刊印者姓名、刻書時地的文字。常出現在序目後、卷末等處。

冊：指稱書起訖單位的量詞。古代文書用竹簡，一編竹簡為一冊。後來紙本盛行，一冊即指一本書。

白文：只有正文、不含注疏的本子。

包角：凡珍貴的線裝舊籍，在裝訂時，用細絹把書冊右側上下兩角包起來，稱為「包角」。

六畫

百衲本：用多種不同版本的書配補湊成的一部書或一套叢書，該書的版本即稱百衲本。「百衲」是取僧衣破蔽補綴之意。

行款：又稱行格。著錄每半葉版面的行數和每行的字數的方法。著錄時，多記半葉若干行若干字，或逕稱若干行若干字，遇到每行字數不一致

時，則取其最多或最少著錄，外加「不等」二字。

七畫

初刻本：一種書完稿後最初刻印的本子。

初印本：版片雕成後首次印刷的圖書。主要特點是字跡清楚、版本整潔、墨色勻稱。

抄本：凡根據底本抄寫的本子，均稱抄本（有時也寫作「鈔本」）。根據時代分，有唐抄本、宋抄本、元抄本、明抄本、清抄本等。時代難以確定的古代抄本統稱舊抄本。

批校本：經過校勘並加上批語的本子。其中經過著名學者批校的本子稱名家批校本，價值較高。

批校：一書在流傳過程中常有人把閱讀該書的心得或校語寫在書上，就是「批校」。

足本：指卷數、內容完整的本子。

八畫

卷端：正文各卷開頭的兩三行稱為卷端。卷端題有書名、篇名、卷次、作者、注釋者、校刻者，對鑑別版本，考訂源流有參考作用。

卷：指稱書起訖單位的量詞。古代文書用縑帛，採用卷軸裝，一軸即為一卷，包括一篇乃至數篇文章。後來紙本盛行，一卷多用來指全書的一部分。

函：又稱書函、函套。指保護書籍的外套。由包裹卷軸的「帙」發展而來，一般分為套、匣、夾板等幾種形式。帶有函套的古籍，其數量也以「函」計，如稱某書共幾函，每函幾冊。

刻本：指在版木上刻字刷印而成的圖書。

拓印：以濕紙緊覆在碑文或金石文物上，用墨打拓其文字或圖形的一種複製方法。

孤本：某書的某一印本、寫本或拓本在世間只有一份流傳的本子。

金鑲玉：古籍內芯裝裱形式。在每葉摺疊的夾層中用長出原書上下寸

餘的白紙加以鑲襯，然後重新進行裁切裝訂。因原書多取黃紙本，而襯紙潔白如玉，故稱金鑲玉。

版式：出版物的組合設計要求。

版權頁：現代圖書多在書名頁的背面，也有的在全書之後。紀錄事項一般包括：書名、著者名、出版、發行單位等名稱、地址，以及書的開本、字數、出版時間、版次、印次、印數、書號、定價等。

九畫

活字本：指用一個個單字的模具加以組合排版印刷的圖書。因字模所用材料不同而有泥活字本、木活字本、銅活字本、鉛活字本、錫活字本等。

眉批：指在版框上端餘紙中的批校。套印本或分別將各家眉批以不同顏色印出，益形醒目。

紅(藍)印本：指用紅色或藍色刷印的圖書。紅（藍）印本通常是一部書正式刷印前的印樣本，數量頗少，故為學者和藏書家所珍重。

重刻本：一般指具某一刻本重新雕版印刷的本子。重刻本在內容上一般與原刻本相同，但版式不盡相同。

十畫

原刻本：祖本。後來各本之所從出。

套印本：根據不同的色彩為一葉書刻多塊版子，再用不同的顏色刷印於同一紙，依此方法而印成的書，為套印本。套印最早使用朱墨兩色，後來發展為朱墨藍三色、朱墨藍綠四色乃至朱墨藍綠黃五色。

書芯：指書籍封皮以內或未上封皮之前訂在一起的書帖及環襯等。

書腰：也稱中腰，指上、下書封殼中間的聯接部分，即封一和封四所夾的中間位置。

後印本：指非初印的圖書。其中書版經反覆印刷的圖書，版面模糊，字跡漫漶、墨色不勻，且常有修補的痕跡。

修補本：書版在印刷和保存的過程中，多因殘缺或字跡漫漶而需要修補，用經過修整補配的書版刷印的圖書即稱修補本。

紙捻：又稱「紙釘」，即將細長的紙條搓如線狀。包背裝須打孔訂紙

捻，而線裝在穿線前，亦須訂紙捻固定書葉。紙捻一般採用棉紙。

針孔：又稱「針眼」。線裝書的裝訂，必先在書腦的部分打孔，以便穿針引線。一般為四針孔，如果書籍幅面寬廣，亦有六針孔、八針孔或更多，而高麗本、朝鮮本多為五針孔。

十一畫

排印本：利用活字排版印刷的書籍。

陰文：筆畫凹下的字，多用於「注」、「疏」等字。

十二畫

善本：指具有歷史文物性、學術資料性和藝術代表性，或在某一方面有特殊的價值的古籍。一般來說，刊印時代較早或經過精心校勘而錯誤較少、更接近書稿原貌的刻本、活字本、抄本、稿本、名家批校本等，均可稱為善本。

普通本線裝書：除善本以外的一般古籍均稱為普通本線裝書。

殘本：指卷數、內容殘缺不全的本子。與足本相對。其中被火燒過而受損傷的殘本稱為焦尾本。書冊佚失大半的殘本，剩餘的單冊稱為零本。

扉頁：襯紙下面印有書名、出版者名、作者名的單張頁，有些書刊將襯紙和扉頁印在一起裝訂（即筒子頁）稱為扉襯頁。

十三畫

過錄本：從其他書中照樣移錄他人批校文字、句讀圈點的本子。

牌記：又稱「木記」、「刊記」、「牌子」或「書牌」。是刊刻者對一書出版事項的記載，包括刊刻者姓名、書鋪店號、刊刻年月等，甚或出現刻書情況、內容提要、廣告宣傳等文字，詳略不一。大抵與現代圖書的版權頁類似，可作為版本鑑定的依據。

十四畫

遞修本：用經過兩次獲兩次以上修補的書版刷印的書，稱為遞修本。如宋版書版片經元明兩代修補後重印，即稱為宋刻元明遞修本。

十五畫

寫本：成書時以手寫形式流傳的本子。

稿本：已經成書但未經刊印的書稿。分手稿本和謄清稿本(簡稱清稿本)兩種。手稿本是著者親筆撰寫的書稿，謄清稿本是作者請人按原稿謄清的本子。

墨釘：又稱墨等。正文中表示闕文的墨塊，用「■」表示。

影抄本：將透明紙覆在底本上，按其原有字體、行款照樣摹寫的抄本。以宋刻本為底本的影抄本稱為影宋抄本、以元刻本為底本的影抄本稱為影元抄本。

影印本：利用影印技術複製底本並印刷而成的書籍。

十八畫

題跋：藏書家或學者對珍藏古籍加以考證，將版刻源流、得書經過和個人研究心得寫在書的卷首、卷末或前後扉葉上，便是「題跋」，又稱「題識」或「題記」。

騎馬釘：將書的封面與書芯一起配套成為一冊，騎在機器上用鐵絲沿折縫進行訂書，然後裁切的書冊。

十九畫

覆刻本：又稱影刻本、翻刻本或仿刻本。指據原刻影摹上版開雕，而與原刻本一模一樣的本子。如用宋版覆刻的稱覆宋本或影宋刻本，用元版覆刻的稱覆元本或影元刻本。

藏書章：又稱「藏章」、「印記」或「印鑑」。由藏書章可推知一本書的流傳經過，可供鑑別古籍版本作參考。

資料來源：

1. 姚伯岳，《版本學》，（北京市：北京大學，1993 年）。

2. 陳正宏、梁穎編，《古籍印本鑒定概況》，（上海市：上海辭書，2005 年）。

3. 駱偉，《簡明古籍整理與版本學》，（澳門：澳門圖書館暨資訊管理協會，2004 年）。

4. 國家圖書館特藏組主編，《以古通今：書的歷史》(臺北市：國家圖書館，2011 年)。

附錄三：古籍歷史發展大事年表

西元紀年	時　期	大事紀要
約西元前 14 世紀～西元前 11 世紀	商盤庚遷殷～帝辛	中國已出現以線條表意的「甲骨文字」。 甲骨卜辭中已出現「冊」字，象徵一捆竹簡編以書繩二道的簡冊之形，為中國最早的圖書形制。 近世出土的甲骨片上曾發現以毛筆和墨汁書寫而未刻的文字，可知此時毛筆和墨已被使用。
約西元前 11 世紀～西元前 3 世紀	周武王～周赧王	中國文字承甲骨文字發展及變遷，產生下列數種文字： 1.西周鐘鼎文(金文) 2.大篆 3.六國古文
	春秋末年	《論語》〈魏靈公篇〉有「子張書諸紳」的記載，可知此時以使用帛為書寫材料。
西元前 221～西元前 210	秦始皇二十六年～秦始皇三十七年	秦始皇命宰相李斯統一全國文字及度量衡，李斯因大篆而加以省改，做小篆，又稱「秦篆」。
西元前 221～西元前 206	秦	為達到書寫方便的要求，此時出現一種將小篆的方筆改為圓筆、筆劃簡化的字體，稱為「隸書」，其後再漢代成為全國通用的字體。
西元前 213	秦始皇三十四年	秦始皇採李斯之議，定挾書律、下令焚書。凡秦紀以外之列國史記、私藏詩、書、百家語，皆在禁燬之列，為留種樹、醫藥、卜筮之書不焚。
西元前 212	秦始皇三十五年	侯生、盧生譏訕始皇怒坑諸生四百六十餘人。
西元前 104	西漢武帝太初元年	司馬遷開始撰寫《史記》，至武帝征和二年(西元前 91)完成，為中國第一部紀傳體通史。
5-26	西漢末～東漢初	草書於此時發展成熟。
76～83	東漢章帝建初年間	王次仲作隸書楷法，又稱為「八分書」。
100	東漢和帝永元十二年	許慎開始撰寫《說文解字》，至安帝建光元年(121)成書，總結了東漢以前文字學發展成果。其序文

		中所闡述的「六書」(象形、指事、形聲、會意、轉注、假借)之說,為中國文字學理論奠定了系統化的基礎。
105	東漢和帝元興元年	蔡倫以樹皮、麻頭、破網製紙,奏上和帝,世稱「蔡侯紙」。
147～189	東漢桓帝、靈帝年間	潁川(河南)劉德昇以造行書擅名於世。
175	東漢靈帝熹平四年	靈帝詔諸儒正訂五經文字,命蔡邕以隸體書寫,刻石於太學門外,世稱「熹平石經」,為中國羣經刻石之始。
約 4 世紀		中國紙傳入高麗
610	隋煬帝大業六年	朝鮮僧人曇徵將中國紙墨製法獻與日本皇室。
653	唐高宗永徽四年	唐太宗以儒學多門、章句繁雜,詔孔穎達等撰定五經義疏,名曰五經正義,至本年成書,頒行天下,明令每年明經試士以此為準。
704～751	武則天長安四年～唐玄宗天寶十年(新羅聖德王三年～景德王十年)	新羅出現雕版印刷之無垢淨光大陀羅尼經,當為唐印本。
751	唐玄宗天寶十年	唐將高仙芝於怛羅斯(Talas)為大食所敗,數名造紙工匠被俘至中亞的撒馬爾干(Samarkand),將造紙法傳與阿拉伯人,為中國造紙術傳入西方之始。
764～770	唐代宗廣德元年～大曆五年(日本天平寶字八年～神護景雲四年)	日本建造百萬塔,每塔露盤之下各置印本陀羅尼經一卷,則此時中國印刷術已傳入日本。
	中唐～晚唐	中國圖書形制受印度佛教經典以「貝葉」形式裝訂影響,而出現「葉子」的形式。其後又發展成將長紙卷作為分摺疊,成摺子狀。又名「梵夾本」、「經摺裝」。

835	唐文宗太和九年	劍南東川節度使馮宿奏請禁止民間私自版印時憲曆日，可知此時雕版印刷以通行民間。
868	唐懿宗咸通九年	王玠印造金剛般若波羅蜜經普施信眾。(此卷現藏英國倫敦大英博物館。)
932～953	後唐明宗長興三年～後周太祖廣順三年	宰相馮道奏准依開成石經文字，刻九經印版，歷四朝、22年方成。共印出周易、尚書、毛詩、周禮、儀禮、禮記、左傳、公羊傳、穀梁傳、論語、爾雅、孝經十二經及五經字義、九經字樣二書。
953	後蜀廣政十六年	後蜀宰相毋昭裔出私財百萬刻九經、諸史。
956	後周世宗顯德三年	吳越國王錢俶刊印寶篋陀羅尼經八萬四千卷，後於宋太祖乾德三年(965)及開寶八年(975)又兩度印施，各為八萬四千卷，則此時大量印刷已成可能。
971	宋太祖開寶四年	宋太祖命高品、張從信往成都雕大藏經，於太宗太平興國八年(983)完成。共十三萬塊印版，五千零四十八卷。世稱「開寶藏」，為中國刊印佛經大藏之始。
988	宋太宗端拱元年	宋太宗命儒臣孔維等校勘孔穎達五經正義，並詔國子監雕版印行，書成於淳化五年(994)，為中國羣經義流有印本之始。 其後英宗咸平四年(1001)繼刻周禮等七經義疏，與太宗朝所刻五經義疏合稱「單疏本」。
994	宋太宗淳化五年	宋太宗命杜鎬、陳充等分校史記、漢書、後漢書，於杭州雕版印行，為中國正史有刻本之始。
1011～1082	高麗顯宗～文宗年間	高麗翻刻大藏經六千卷，稱為「高麗國之大寶」。
1041～1048	宋神宗慶曆年間	畢昇發明膠泥活字，為世界最早的活字印刷術。
1042～1045	高麗靖宗年間	新刊《兩漢書》、《唐書》。秘書省刊《禮記、毛詩正義》。
1088	日本寬治二年	刻《成唯識論》。

1101 前	高麗肅宗六年前	高麗大覺國師（義天）購書於宋、遼、日本，四千卷悉皆刊行，稱《義天續藏》。又自宋帶回《清涼疏》版。
1193	宋光宗紹熙四年	周必大用膠泥銅版刊印自著玉堂雜記二十八卷，為文獻所記載的世界最早活字本。
1202	宋寧宗嘉泰二年	俞鼎孫、俞經共同編纂儒學警悟，為中國叢書編輯之始。
1234	高麗高宗二十一年	崔怡用冶鑄金屬活字印詳定禮文二十八本，為世界最早的金屬活字。
1237－1244	高麗高宗年間	刻《大藏經》八萬餘版，今存韓國海印寺。
1239	宋理宗嘉熙三年	高麗鑄字本《南明證道歌》，在此年前。
1241－1251	蒙古太宗十三～憲宗元年	蒙古楊古用泥活字印朱子小學、《近思錄》等。
1246－1247	日本寶治元年	翻刻宋槧本《論語集注》，為日本刻第一部儒書。
1264	日本文永元年	日本僧自宋攜歸《大覺禪師語錄》版。
1271	元世祖至元八年	約元初有人鑄錫作字，以鐵條貫之，界行印書，但難於使墨。
1289	日本正應二年	寧波刻工徐汝周、洪舉在日本刻佛書（元、明中國刻工約五十人在日本刻書）。
1298	元成宗大德二年	1. 安徽旌德縣尹王禎創製木活字三萬多個，試印自纂之大德旌德縣志百部，為中國最早的木活字印本。 2. 高麗《清涼答順宗心要法門》，被稱為現存世界最古金屬活字本。
約 1300	元成宗大德四年	維吾爾文木活字在敦煌發現。
1305	元成宗大德九年	太平路等九路學刊印諸史，世稱「路本十七史」。
1310		波斯著名史學家拉希德丁 Rashideddin 於所著世界史中介紹中國雕版印書法。
1321－1323	日本元亨元年	附平假名《黑谷上語錄》，為日文刊本之始。

1322	元英宗至治二年	馬稱德在奉化鏤活字書版十萬字，印成《大學衍義》等書。
1341	元惠帝至正元年	中興路(湖北江陵)資福寺以朱、墨兩色套印金剛經注，為中國現存最早的套印本。
約 1350 前		埃及於此時開始採用中國雕版印刷術。
960-1367	宋、元之間	「蝴蝶裝」在此時成為流行的圖書裝幀形制。
	明初～明中葉	「包背裝」繼「蝴蝶裝」之後，在此時成為流行的圖書裝幀形制。
1370-1395	日本應安三年-應永二年	俞良甫刊《文選》、《韓、柳集》等十種。俞氏，福建莆田人。
1376	高麗辛禑二年	朝鮮用木活字印《通鑑綱目》。朝鮮木活字至 1895 年共造 28 次。
1390	明太祖洪武二十三年	周定王朱橚刻李恆袖珍方，為藩府刻書之先聲。其後藩王刻書蔚然成風，至明亡為止，共刻四百三十二種，成為明本之一大特色。
1392	高麗恭讓王四年	高麗置書籍院，掌鑄字，印書籍。是年高麗亡。
1395	朝鮮太祖康獻王三年	朝鮮木活字印《功臣都監》，今存。
約 14 世紀末、15 世紀初		歐洲於此時開始出現木板雕印的聖像、紙牌。
1403	明成祖永樂元年	1. 解縉等奉詔修纂文獻大成，永樂六年(1408)書成上進，賜名永樂大典。收存歷代重要典籍達七、八千種，約三億七千萬字，分裝成一萬一千零九十五冊。世宗嘉靖間命徐階等抄錄副本一部，其後正本或散佚於明清之交，而副本則大部分燬於清光緒二十六年(1900)八國聯軍之役。 2. 朝鮮李太宗鑄銅癸未字數十萬。朝鮮此後至 1863 年共鑄自 34 次，內鉛字 2，鐵字 6，餘均銅字。

1420	明成祖永樂十八年	朝鮮銅庚子字印《真文忠公文章正宗》，今存。
1423		歐洲印刷版畫聖克利斯多夫像，為歐洲現存最早的雕版印刷品。
1434	朝鮮世宗十六年	朝鮮銅甲寅字最精美，稱為朝鮮〈萬世之寶〉。
1436		朝鮮鑄鉛「丙辰字」，印《通鑑綱目》，為世界最早的鉛活字印本。
約1440～1450		歐洲出現最早的雕版印刷書籍。
1443		安南黎朝梁如鵠兩次奉使來明，看了刻書之法，歸教鄉人，後海陽嘉祿刻工著名全越。
約1453		德國人谷騰堡 Gutenberg 創用活字印刷。
約1456		谷騰堡 Gutenberg 用活字排印四十二行本聖經。
1457～1487		德國刊印梅因茲聖詩篇 Mainz Psalter，為歐洲第一本套色的印刷品。書中第一本記有印工、出版年、出版地及紅藍色之大首字母。此後印刷術由德國傳遍歐洲各國。
1462	明英宗天順六年	明錢溥使安南，與其國相等唱和，第二天即用活字印成詩集。
1490	明孝宗弘治三年	無錫(江蘇)華燧會通館製銅活字印宋諸臣奏議五冊，為中國目前所知最早的金屬活字印本。
1505～1508	明孝宗弘治十八年～明武宗正德三年	常州(江蘇武進)出現中國最早的自製鉛字。
1506-1521	明武宗正德元年～十六年	1.明正德元年彩印《聖蹟圖》。 2.琉球國（今日本沖繩縣）尚真王刻《四書》。
1516		非洲摩洛哥非斯設印刷所。
	明中葉以後	「線裝」的圖書裝幀形制出現，並被普遍使用，成為流行最久的形制。
1539		歐洲活字印刷術傳入新大陸墨西哥。
1561		歐洲活字印刷術傳入印度。

1563		俄國菲多洛夫開始在莫斯科印書。
1567-1619	明穆宗隆慶元年～神宗萬曆四十七年	印刷體（宋體字）出現。
1573	朝鮮宣祖七年	朝鮮鐵癸酉字。
1593	明神宗萬曆二十一年	中國天主教徒約翰・維拉（教名）在菲律賓馬尼拉刻《無極天主正教真傳實錄》中文本及太格羅文本。
1581～1644	明神宗萬曆九年～明思宗崇禎十七年	湖州(浙江吳興)閔齊伋、凌濛初二家編印百餘種套印書籍，用朱、墨、青、紫、黃五色墨，雅緻悅目，為世所寶貴。
1590		歐洲教士在廣東澳門用西洋活字印拉丁文《日本派赴羅馬之使節》。 歐洲活字印刷術傳入日本，稱〈切支丹本〉。
1597	日本慶長二年	日本木活字《勸學文》稱〈此法出朝鮮〉。
1609		歐洲最早的報紙，在德國出版。
1616-1626	日本元和二年至寬永三年	日本用朝鮮銅字印《群書治要》，不足由漢人林五官增鑄。
1626	明熹宗天啟六年	江寧(江蘇江寧)吳祥發用數十塊精細密合小板堆砌拼湊的「餖版」藝術，及圖案立體「拱花」技術，彩印《蘿軒變古箋譜》。
1627	明熹宗天啟七年	胡正言，明末清初海陽人氏，用餖版彩印十竹齋畫譜。
1637	明毅宗崇禎十年	宋應星《天工開物》刊版。
1638		美國(當時尚為英國屬地)設立第一個印刷所。
1661		瑞典銀行開始雕刻凹版印刷鈔票。
1680	清聖祖康熙十九年	清聖祖下詔於武英殿設修書處，掌管刊印裝潢書籍。所印圖書世稱「殿本」。
1701	清聖祖康熙四十年	陳夢雷開始編纂古今圖書匯編，康熙四十五年(1706)初稿完成，聖祖賜名《古今圖書集成》。世

		宗復命蔣廷錫等再加以增刪，於雍正四年(1726)完成定稿，以內府銅活字排印六十四部。每部一萬零四十卷，分訂五千零二十冊，裝五百二十二函。
1710	清聖祖康熙四十九年	清聖祖命張玉書、陳廷敬等編纂康熙字典，康熙五十年(1711)書成。計四十二卷，收字四萬七千零三十五個。
1718～1719	清聖祖康熙五十七年～康熙五十八年	清聖祖命學者官員及西洋傳教士雷孝恩、杜德美等人測繪皇輿全覽圖，並以西洋銅活版(凹版)印刷。
1725-1726	清世宗雍正三年～四年	內府銅活字印陳夢雷《欽定古今圖書集成》一萬卷。
1729	朝鮮英祖五年	朝鮮鐵字印《西坡集》。
1735-1738	清世宗雍正十三年～乾隆三年	雍正刻漢文《大藏》，俗稱《龍藏》。用雙面梨木板七萬九千餘塊，今存北京圖書館。
1739	清高宗乾隆四年	清高宗詔刻十三經、二十一史，特命親王大臣於武英殿刻書處總理其事，選詞臣繕寫校對，殿本之名於是大著。
1752		加拿大開始印書。
1770	清高宗乾隆三十五年	《乾隆十三排地圖》法國教士蔣友仁鐫刻銅板一百零四塊，刷印百套。
1772	清高宗乾隆三十七年	清高宗詔開館纂修四庫全書，乾隆四十七年(1782)書成上進。共收書三千四百六十一種、七萬九千三百零九卷，抄錄七部，分藏文淵閣等南北七閣。
1774	清高宗乾隆三十九年	1. 武英殿刻成大、小棗木活字二十五萬餘個，高宗賜名「聚珍」，用以刊印武英殿聚珍版叢書，迄乾隆五十九年(1794)止，共成 134 種。 2. 意人郎世寧等繪《乾隆平定回部得勝圖》16幅，由法國利巴等八人刻成銅版，寄回中國，命蔣友仁印刷。

1783	清高宗乾隆四十八年	《圓明園銅版畫》20 張被西人稱為中國人對銅版陰刻的初試，極成功。
1796		奧匈帝國（今捷克斯洛伐克）施內費爾特發明石印術。
1804		英人斯坦荷普伯爵發明泥版。
1807	清仁宗嘉慶十二年	臺灣鎮總兵官武隆阿刻銅活字印《聖諭廣訓注》。
1810	清仁宗嘉慶十五年	英國新教士馬禮遜在廣州木板印《使徒行傳》一千部。
1815-1822	清仁宗嘉慶二十年～宣宗道光二年	來華英國印工湯姆司手工刻成金屬活字，在澳門印《馬禮遜字典》。
1829		法人謝羅發明紙版（紙型）。
1833	清宣宗道光十三年	廣州蠟版印《轅門鈔》。廣州木刻《東西洋考每月統計傳》，在中國出版的第一家中文期刊。
1843-1851	清宣宗道光二十三年～文宗咸豐元年	英國教會牧師戴約爾在香港刻大、小字模，美國印工谷立在香港完成戴氏小字模四千七百，稱《香港字》（鉛字）。
1844	清宣宗道光二十四年	安徽涇縣秀才翟金生費三十年心血，造成泥活字十萬餘個，分大小五號字，印成自著詩文《泥版試印初編》。
1855		法國稽錄脫 M.Gillot 發明照相鋅版。
1859		奧司旁 John W. Osborne 發明照相石印。
1863	清穆宗同治二年	曾國藩鑑於太平天國亂後，江南官私藏書損失嚴重，無書可讀，乃於江寧(江蘇江寧)創設金陵書局，專司刻書流通，各省相繼仿效，所刻書籍世稱「局刻本」。
1865	清穆宗同治四年	上海江南製造局成立，先後翻譯鉛印西方科技書一百七十八種。
1869		德國人阿爾貝脫 Joseph Albert 發明以膠質印刷之珂羅版 Collo Type。

1872	清穆宗同治十一年	1.美國愛迪生發明油印。 2.上海《申報》為英商美查創立，後歸國人自辦，為名聞全國之第一大報，繼續出版七十七年餘，首用泥版。
1874	清穆宗同治十三年	上海點石齋石印書局、圖書集成鉛印書局，亦為美查創辦。
1875 後	清德宗光緒元年後	上海徐家匯土山灣印刷所首用珂羅版。
1881	清德宗光緒七年	上海同文書局有石印機，職工五百名，為粵人徐裕子創立。
1897	清德宗光緒二十三年	上海商務印書館成立。由鮑咸恩三兄弟等合資四千元創辦，採用外國先進技術及機器，印品質量俱優，打破當時外商壟斷市場的局面。
1900	清德宗光緒二十六年	上海徐家匯土山灣印刷所夏相公首先試驗照相鋅版印刷。
1908	清德宗光緒三十四年	北京財政部印刷局成立，聘用美國凹版技師海趣。該局遂為清朝唯一印刷鈔票、郵票之印刷局。
1909	清宣統元年	商務印書館聘美國技師施塔福攝製照相鋅版，又製彩色銅版。
1909-1911	清宣統元年至三年	商務印書館聘請美國技師施塔福，於改良照相銅鋅版之餘，試製三色版成功。

資料來源：

1. 《書的故事》，光復書局編輯部執行編撰、國立中央圖書館審訂，（臺北市：行政院新聞局，1992 年）。

2. 《中國印刷史論叢》，許瀛鑑主編，（臺北市：中國印刷學會，1997 年）。

3. 《中華印刷通史》，張樹棟等著，修訂一版（臺北市：印刷傳播興才文教基金會，2005 年）。

4. 國家圖書館特藏組主編，《以古通今：書的歷史》(臺北市：國家圖書館，2011 年)。

參考資料

1. Georges Jan 著，曹錦清、馬振騁譯，《文字與書寫》。臺北市：時報文化公司，1994。

2. 王秋桂，王國良合編。《中國圖書文獻學論集》。臺北市：明文，民75。

3. 中國印刷博物館編，《中國古代印刷史圖冊》。北京市：文物，1998年。

4. 艾柏特·拉伯赫著；廖啟凡譯。《書的歷史》。臺北市：玉山社，2005。

5. 卡特撰，胡志偉譯。《中國印刷術的發明及其西傳》。臺北市：臺灣商務，民57。

6. 米山寅太郎。《圖說中國印刷史》。東京市：汲古書院，2005年7月。

7. 光復書局編輯部執行編撰、國立中央圖書館審訂，《書的故事》。臺北市：行政院新聞局，1992年1月）。

8. 昌彼得。《中國圖書史略》。臺北市：文史哲，民65。

9. 屈萬里，昌彼得合著，潘美月增訂。《圖書板本學要略》。臺北市：中國文化大學出版部，民75。

10. 林啟昌編著。《印刷文化史》。臺北市：五洲，民69。

11. 吳哲夫，《中國圖書的故事》。臺北市：故宮博物院，1995年5月。

12. 吳哲夫，《書的歷史》。臺北市：文建會，1984年。

13. 吳漢英，《卷軸心事——中國書籍裝幀藝術》。臺北市：書泉，1992年2月。

14. 姚伯岳，《版本學》。北京市：北京大學，1993年12月。

15. 許瀛鑑主編，《中國印刷史論叢》。臺北市：中國印刷學會，1997年9月。

16. 宿白著。《唐宋時期的雕版印刷》。北京市：文物出版社，1999。

17. 李致忠。《古代版印通論》。北京：紫禁城出版社，2000。

18. 曹之。《中國古籍版本學》，臺北市：紅葉文化事業，1994 年 11 月。

19. 喬衍琯，張錦郎同編。《圖書印刷發展史論文集》。臺北市：文史哲，民 71。

20. 喬衍琯，張錦郎同編。《圖書印刷發展史論文集續編》。臺北市：文史哲，民 71。

21. 佛雷德里克・巴比耶著；劉陽等譯。《書籍的歷史》。桂林：廣西師範大學出版社，2005。

22. 潘美月。《圖書》。台北市：幼獅，民 75。

23. 潘吉星。《中國造紙史話》。臺北市：臺灣商務，1994。

24. 張樹棟，龐多益，鄭如斯合著。《簡明中華印刷通史》。桂林：廣西師範大學出版社，2004。

25. 張秀民、韓琦。《中國活字印刷史》。北京市：中國書籍，1998 年 4 月。

26. 張秀民。《中國印刷術的發明及其影響》。臺北市：文史哲，1988 年 6 月。

27. 費夫賀，馬爾坦合著；李鴻志譯。《印刷書的誕生》。臺北市：貓頭鷹出版，2005。

28. 程煥文。《中國圖書文化導論》。廣州市：中山大學出版社，1995。

29. 程煥文編。《中國圖書論集》。北京：商務印書館，1994。

30. 陳正宏、梁穎編。《古籍印本鑒定概況》。上海市：上海辭書，2005 年 6 月。

31. 陳力。《中國圖書史》。臺北市：文津，民 85。

32. 奚椿年。《中國書源流》。南京市：江蘇古籍，2002 年 12 月。

33. 駱偉。《簡明古籍整理與版本學》。澳門：澳門圖書館暨資訊管理協會，2004 年 8 月。

34. 蕭東發。《中國圖書出版印刷史論》。北京市：北京大學，2001 年 4 月。

35. 蕭東發、楊虎。《插圖本中國圖書史》。桂林市：廣西師範大學，2005年8月。

36. 錢存訓。《造紙及印刷》。臺北市：臺灣商務，1995年9月。

37. 錢存訓。《書於竹帛：中國古代書史》。臺北市：漢美，1996。

38. 錢存訓。《中國書籍紙墨及印刷史論文集》。香港：中文大學，1992。

39. 魏隱儒編著。《中國古籍印刷史》。北京市：印刷工業，1988年5月。

40. 羅樹寶。《書香三千年》。長沙市：湖南文藝，2005年1月。

41. 羅樹寶編著。《中國古代印刷史》。北京市：印刷工業，1993年3月。

42. 嚴文郁。《中國書籍簡史》。臺北市：臺灣商務，民81。

43. 劉家璧編。《中國圖書史資料集》。香港：龍門，民63。

國家圖書館出版品預行編目(CIP) 資料

古籍之美：古籍的演變與發展/張圍東著. --
初版. -- 新竹縣竹北市：方集出版社股份
有限公司, 2021.06
　　面；　公分

　ISBN 978-986-471-303-5 (平裝)

　1.古籍　2.書史　3.印刷術　4.中國

011.2　　　　　　　　　　　　110008196

古籍之美：古籍的演變與發展

張圍東　著

發 行 人：賴洋助
出 版 者：方集出版社股份有限公司
聯絡地址：100 臺北市中正區重慶南路二段 51 號 5 樓
公司地址：新竹縣竹北市台元一街 8 號 5 樓之 7
電　　話：(02) 2351-1607　　傳　　真：(02) 2351-1549
網　　址：www.eculture.com.tw
E-mail：service@eculture.com.tw
出版年月：2021 年 6 月 初版
定　　價：新臺幣 350 元

ISBN：978-986-471-303-5 (平裝)

總經銷：聯合發行股份有限公司
地　　址：231 新北市新店區寶橋路 235 巷 6 弄 6 號 4F
電　話：(02)2917-8022　　　　　傳　真：(02)2915-6275